풀면 풀수록
자꾸만 똑똑해지는

어른을 위한
두뇌 놀이 책 도전편

개러스 무어 지음 | 정아림 옮김

HB 한빛라이프

옮긴이 정아림

캘리포니아주립대에서 테솔 석사과정을 졸업하고 여러 학교와 영어 교육 기관에서 강사로 활동했다. 현재는 제주도에서 아이들을 위한 영어책 읽기 수업을 진행하고 있으며 다양한 영어 콘텐츠를 소개하고 번역하는 일을 하고 있다. 옮긴 책으로 『사랑해를 쓰는 40가지 방법』이 있다.

어른을 위한 두뇌 놀이 책 도전편

초판 발행 2022년 8월 15일
3쇄 발행 2023년 12월 26일

지은이 개러스 무어(Gareth Moore) / **옮긴이** 정아림 / **펴낸이** 김태헌
총괄 임규근 / **책임편집** 권형숙 / **기획편집** 윤채선 / **교정교열** 김수현 / **디자인** 김아란
영업 문윤식, 조유미 / **마케팅** 신우섭, 손희정, 김지선, 박수미 / **제작** 박성우, 김정우
감수 김아람, 박단비, 박진서, 변선영, 신주아, 유경희, 이행은, 장승근, 전세정

펴낸곳 한빛라이프 / **주소** 서울시 서대문구 연희로2길 62
전화 02-336-7129 / **팩스** 02-325-6300
등록 2013년 11월 14일 제25100-2017-000059호
ISBN 979-11-90846-46-2 04690 / 979-11-90846-47-9(세트)

한빛라이프는 한빛미디어(주)의 실용 브랜드로 우리의 일상을 환히 비추는 책을 펴냅니다.

이 책에 대한 의견이나 오탈자 및 잘못된 내용에 대한 수정 정보는 한빛미디어(주)의 홈페이지나 아래 이메일로 알려주십시오.
잘못된 책은 구입하신 서점에서 교환해 드립니다. 책값은 뒤표지에 표시되어 있습니다.
한빛미디어 홈페이지 www.hanbit.co.kr / 이메일 ask_life@hanbit.co.kr
한빛라이프 페이스북 facebook.com/goodtipstoknow / 포스트 post.naver.com/hanbitstory

지금 하지 않으면 할 수 없는 일이 있습니다.
책으로 펴내고 싶은 아이디어나 원고를 메일(writer@hanbit.co.kr)로 보내 주세요.
한빛라이프는 여러분의 소중한 경험과 지식을 기다리고 있습니다.

저자 소개 —————————

개러스 무어 박사
Dr. Gareth Moore

세계 최고의 두뇌 게임 전문가이자 퍼즐 책 베스트셀러 작가입니다. 영국 케임브리지대학교에서 인공지능의 한 분야인 머신러닝으로 박사 학위를 취득했습니다. 어린이와 어른을 위한 두뇌 게임 및 퍼즐을 고안했으며 전 세계적으로 100권 이상의 두뇌 트레이닝을 위한 책을 펴냈습니다. 번역된 저서로 『어른을 위한 두뇌 놀이 책』, 『어른을 위한 두뇌 놀이 책 플러스』, 『셜록 홈스의 추리논리 퀴즈』, 『동물점잇기』, 『하루 10분 놀면서 두뇌 천재되는 브레인 스쿨』 등이 있습니다.

독자에게 전하는 말

첫 장부터 마지막 장까지 도전하고 싶은 마음을 불러일으키는, 여러 가지 재미있는 퍼즐로 가득 찬 『어른을 위한 두뇌 놀이 책 도전편』에 오신 것을 환영합니다.

어떤 퍼즐은 익숙하거나 이전에 본 것과 비슷할 수도 있고, 어떤 퍼즐은 완전히 새로울 수도 있습니다. 하지만 어떤 것이든 시도해볼 가치가 있답니다. 여러분의 뇌는 참신한 것들을 즐기도록 만들어져 있고, 새로운 시도를 하기에 너무 늦은 시기란 결코 없으니까요. 이 책에는 다양한 추론과 숫자, 그리고 시각적 기술이 필요한 40여 가지의 퍼즐이 있습니다.

만약 어떻게 시작해야 할지 잘 모르겠을 때에는 그냥 추측해보는 것도 좋습니다. 우리는 시도해보면서 가장 빨리 배웁니다. 여러분이 연필을 사용할 수 있고 지우개가 옆에 있는 한, 그냥 뛰어들어 시작해도 괜찮아요.

퍼즐을 풀다가 막혀 버린 느낌이 들 때에는 언제든지 해답을 살짝 들여다보거나 다른 사람에게 대신 봐달라고 부탁해보세요. 그렇게 하면서 해결할 수 있는 몇 가지 단서를 추가하거나, 여러분이 해온 과정에서 무언가 잘못된 것이 있는지 확인해보세요. 모든 퍼즐은 한 가지 정답을 가지고 있기 때문에 만약 뒤에 있는 답과 다르다면, 그것은 문제를 해결하지 못했다는 의미입니다.

무엇보다, 퍼즐은 재미를 위해 푼다는 것을 잊지 마세요. 너무 답답하거나 좌절하게 된다면 그냥 그 퍼즐을 건너뛰거나 아니면 다른 날 다시 시도해보기를 추천합니다.

개러스 무어 박사

가로행과 세로열의 빈 칸에 1부터 9까지의 숫자를 채워 넣습니다. 가로행과 세로열, 그리고
굵은 선으로 표시된 3×3 네모 안에서도 같은 숫자가 두 번 이상 들어가지 않도록 빈 칸을 모두
채우면 완성입니다.

	7		4	6	9		1	
4								7
		8				5		
9				2				3
7			3		6			5
1				4				6
		1				7		
2								9
	5		8	7	4		6	

정답 144쪽

작은 네모칸 안에 기찻길을 그려 넣어 입구에서 출구까지 이동하는 기찻길을 완성합니다. 틀 바깥쪽의 숫자는 가로행과 세로열에 쓰이는 기찻길 수를 나타내고 이 숫자대로 기찻길을 모두 사용해야 합니다. 기찻길은 직진하거나 직각으로만 돌 수 있고 서로 교차할 수 없습니다.

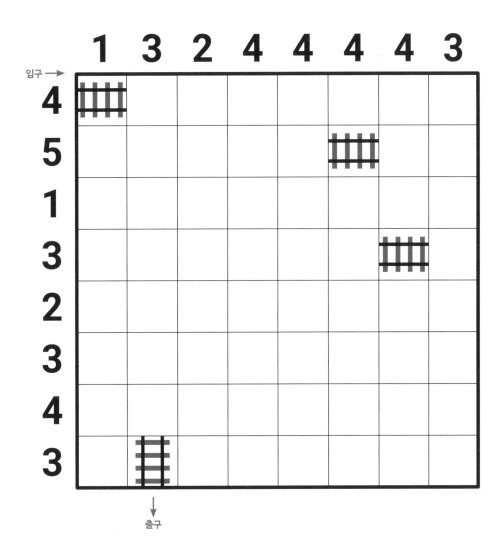

정답 144쪽

주어진 계산식을 암산으로 풀어보세요. 맨 위에 있는 굵은 수에서 시작해, 각 수학 연산을 차례로 적용해봅시다. 마지막 결과를 아래에 써보세요.

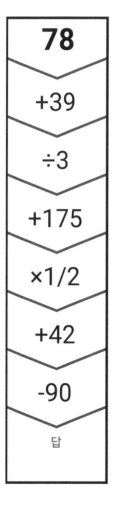

78

+39

÷3

+175

×1/2

+42

-90

답

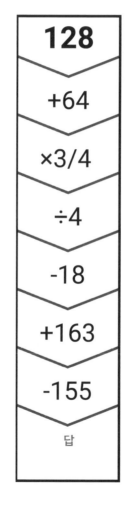

128

+64

×3/4

÷4

-18

+163

-155

답

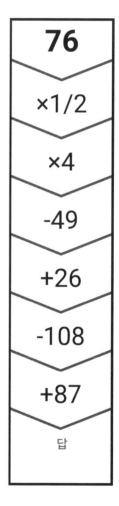

76

×1/2

×4

-49

+26

-108

+87

답

정답 144쪽

서로 다른 각도로 놓인 생일 케이크 중 똑같은 케이크 두 개를 찾을 수 있나요? 나머지 케이크
네 개는 모두 조금씩 다릅니다.

정답 144쪽

비어 있는 흰색 네모칸에 1부터 9까지의 숫자를 넣어 연속된 가로 또는 세로 칸들의 총 합이
각각 맨 왼쪽 또는 맨 위쪽에 주어진 수가 되게 만드세요. 연속된 흰색 네모칸에 같은 숫자는
들어갈 수 없습니다.

정답 144쪽

회색 원과 흰색 원이 짝이 되도록 가로선이나 세로선을 그립니다. 선은 서로 교차하거나 다른 원 위를 지날 수 없습니다. 모든 원은 짝을 이루고 남는 원이 없어야 합니다.

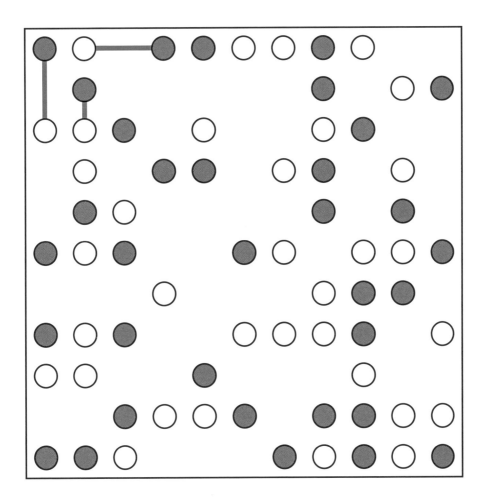

정답 144쪽

같은 모양과 색깔의 도형끼리 짝이 되도록 선을 그립니다. 선은 가로 또는 세로로만 그릴 수 있고, 한 네모칸을 두 번 이상 지날 수 없습니다. 모든 짝이 완성된 후 선이 지나가지 않은 네모칸은 없습니다.

정답 145쪽

가로선과 세로선을 이어 모든 칸을 정확히 한 번만 지나는 선을 그립니다. 선은 하나로 이어지며 한 번 꺾은 다음에는 다른 원을 만나야 합니다(선을 꺾지 않고 다른 원과 만날 수 없습니다). 또한 원을 만난 다음에는 반드시 선의 방향을 바꿔야 합니다.

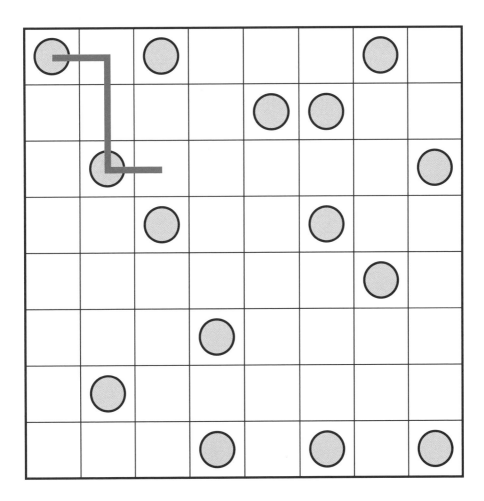

정답 145쪽

아래의 숫자 세트를 찾아보세요. 대각선을 포함한 어떤 방향으로도 찾을 수 있습니다.

3	0	3	9	6	5	7	1	6	9	0	3	6	5	5
0	0	0	9	6	5	8	7	6	7	3	4	8	0	5
4	2	6	9	5	5	3	9	0	4	2	3	0	3	0
3	4	4	6	3	3	5	5	6	2	1	8	4	2	3
4	3	2	3	1	0	1	3	6	2	9	3	8	0	2
0	1	3	5	4	9	8	7	8	2	7	3	1	1	5
8	3	1	4	8	2	7	8	0	5	9	3	0	5	1
5	2	8	7	5	5	2	9	2	5	2	9	6	5	6
0	4	5	5	2	7	9	1	1	0	0	7	8	1	4
0	8	8	2	4	3	3	7	4	4	5	5	8	3	2
1	8	7	6	5	0	1	1	1	6	0	6	5	3	2
5	4	9	7	5	6	1	0	7	1	5	0	9	2	0
7	9	4	7	5	0	4	9	4	7	3	6	8	0	0
0	4	7	5	2	9	4	0	8	6	6	2	6	3	7
8	4	7	3	6	0	8	1	1	0	7	3	2	3	2

150395	350361	655336	821385
197914	418700	678569	842313
209935	422146	700224	859711
232370	422677	716903	978581
306423	526775	804340	9800

정답 145쪽

아래의 구조물을 만들기 위해 몇 개의 정육면체가 사용되었을까
요? 보이지 않는 곳에도 정육면체가 존재하고, 오른쪽의 완벽한
4×4×4 정육면체 배열로 시작해 일부 정육면체들을 덜어냈다고
생각해보세요.

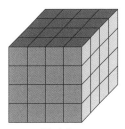

4×4×4 정육면체

정답 145쪽

아래 글을 읽고 문제를 풀어보세요.

한 농부가 농장에서 양과 오리를 기릅니다.

양의 다리는 4개, 오리의 다리는 2개입니다.

농부는 동물들을 가두기 위해 새 울타리를 설치합니다.

울타리를 설치하니 동물들의 머리와 다리만 보입니다.

저녁이 되어 모든 동물들을 세어보니

40개의 머리와 136개의 다리가 있습니다.

농장에는 양과 오리가 몇 마리씩 있나요?

정답   양: ＿＿＿＿ 마리

오리: ＿＿＿＿ 마리

정답 145쪽

가로행, 세로열, 굵은 선으로 구분된 3×3 상자에서 같은 숫자가 두 번 이상 들어가지 않도록 각 네모칸에 1부터 9까지의 숫자를 넣습니다. 흰색 막대와 맞닿은 네모칸에는 2와 3 또는 8과 7 같은 연속된 숫자를 배치해야 합니다. 흰색 막대로 연결되지 않은 나머지 네모칸에는 연속된 숫자를 넣을 수 없습니다.

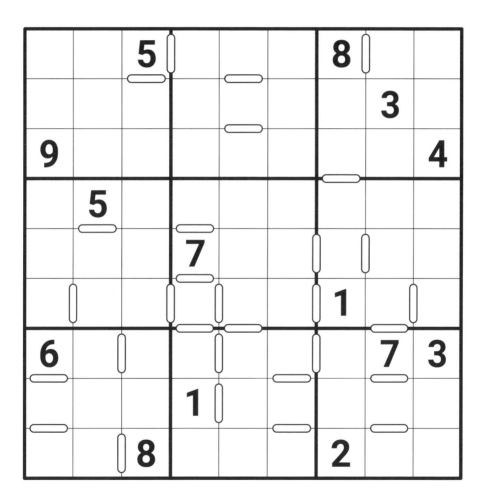

검은색 네모칸을 피해 모든 흰색 네모칸을 한 번만 지나가는 선을 그립니다. 선은 가로 또는 세로로만 그려야 하며 하나로 이어집니다.

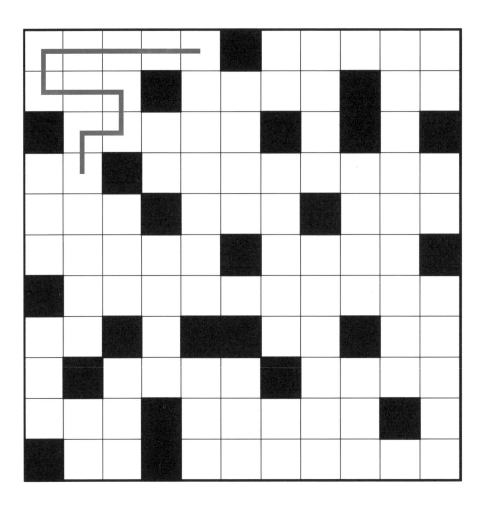

정답 146쪽

각 가로행과 세로열에 0과 1이 네 개씩 있도록 모든 빈 칸에 '0' 또는 '1'을 넣습니다. 가로행 또는 세로열을 따라 읽었을 때 같은 숫자가 세 번 이상 연속으로 올 수 없습니다.

0	0	1		1			
0	0				0		
			0				
		0	1			1	
	0			1	0		
			1				
		0				0	0
			0		1	0	1

정답 146쪽

각 네모칸에 1부터 9까지의 숫자를 넣습니다. 이때 가로행, 세로열, 굵은 선으로 구분된 3×3 상자, 점선으로 묶인 칸 안에 같은 숫자가 두 번 이상 들어가지 않도록 합니다. 점선으로 묶인 칸의 합은 왼쪽 상단에 주어진 값과 같습니다.

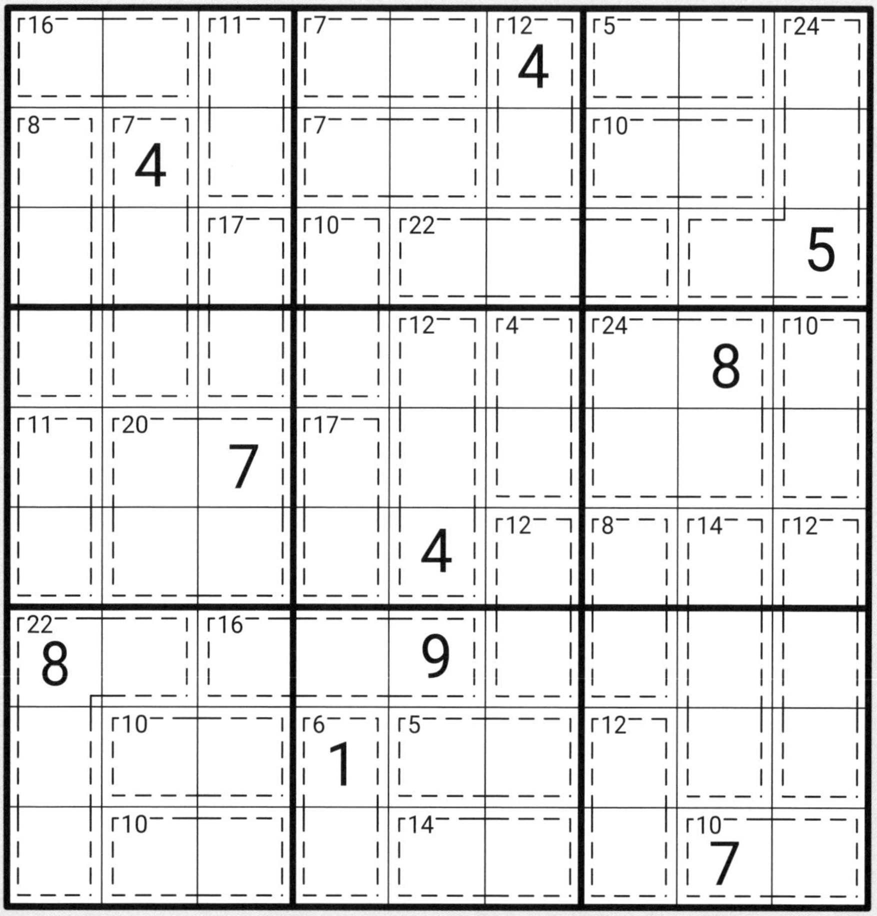
16 11 7 12 4 5 24
8 7 4 7 10
17 10 22 5
12 4 24 8 10
11 20 7 17
4 12 8 14 12
22 8 16 9
10 6 1 5 12
10 14 10 7

정답 146쪽

아래 네모칸에 표기된 0에서 6까지의 숫자를 둘씩 짝지어 28개의 도미노 패로 나눕니다. 도미노 패는 (0-0)⋯(0-6), (1-1)⋯(1-6), (2-2)⋯(2-6), (3-3)⋯(3-6), (4-4)⋯(4-6), (5-5), (5-6), (6-6) 총 28개이며, (6-0)과 (0-6)은 동일한 패로 칩니다. 오른쪽의 체크 차트를 사용해 도미노 패를 표시해보세요.

	0	1	2	3	4	5	6
6							
5							
4					○		
3							
2							
1		○					
0							

4	1	1	5	1	4	3	4
4	3	4	1	1	5	0	2
0	4	1	2	3	2	3	3
4	6	5	2	1	5	0	6
6	0	0	2	6	5	2	3
2	3	5	5	6	6	0	1
6	0	2	4	5	0	3	6

아래 글을 읽고 문제를 풀어보세요.

샘, 마사, 그리고 애런이 함께 캠핑을 가기로 했습니다. 그들은 각자 다른 색깔의 텐트에서 머물기로 했고, 각자 캠핑 장비 한두 가지를 가져오기로 했으며, 캠핑을 하는 동안 각각 다른 음식을 만들기로 했습니다.

- 샘은 연어를 요리할 것이다.

- 캐서롤을 요리하는 사람은 빨간색 텐트에서 지낸다.

- 마사는 테이블과 의자를 가져오기로 했다.

- 냄비와 프라이팬을 가져온 사람은 파란색 텐트에서 지낸다.

- 애런의 텐트는 초록색 텐트 옆에 있다.

- 초록색 텐트에 있는 사람이 토스트와 콩 요리를 할 것이다.

- 애런이 캠핑용 난로를 가지고 올 것이다.

샘, 마사, 애런은 각각 어떤 색깔의 텐트에서 잠을 자고, 어떤 요리를 하고, 어떤 장비를 가지고 오나요?

정답		텐트	캠핑 장비	요리
샘				
마사				
애런				

정답 146쪽

아래쪽의 숫자 세트를 가로세로 낱말풀이처럼 네모칸에 맞춰 넣어보세요.

3자릿수	797	6357	5자릿수	6자릿수
103	899	6368	16253	139970
152	908	7241	59737	529974
176	989	7394	72104	651778
245		7641	74334	667781
375	4자릿수	7766	89434	669513
579	1958	7772	98769	714510
584	1991	8148		
643	2847	8973		
749	5786	9017		

정답 146쪽

점선을 따라 다양한 크기의 정사각형을 그립니다. 모든 영역을 사용해야 하며, 각 정사각형 안에는 하나의 원만 있어야 합니다.

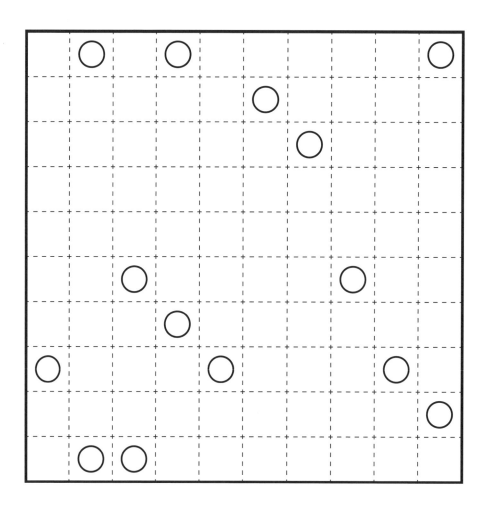

정답 147쪽

일부 점끼리 연결하여 하나로 이어진 선을 만듭니다. 각 숫자는 숫자를 둘러싼 선분 개수를 의미합니다. 점은 가로나 세로로만 연결할 수 있고, 각각의 점은 한 번만 지나갈 수 있습니다.

```
0     1     2 3 2 2 3
0 0 1   1   1 3   3
  0     2   3   1   2
  0   0 0 2   3   3 3
  1   0   3   3   2 1
3 1   2   2   2   2
2 2   3   2 1 3   2
1   2   3 3     1
1   2 3   1   1 0 2
3 3 2 2 2   3   3
```

정답 147쪽

빈 칸에 1부터 6까지의 숫자를 넣어 2×3 네모와 6×6 네모를 채워보세요. 2×3, 6×6 네모를
채울 때 각각의 가로행과 세로열에서 같은 숫자가 두 번 이상 들어가지 않도록 해야 합니다.

2		5			
				4	2
4					

2		5					
				4	2		
4							
			5	3			
	4		1		5		

		3			2		6	
			3	1				
								1
	1	3						
				3			5	

정답 147쪽

빈 칸에 흰색 또는 검은색 원을 그려 넣습니다. 같은 색깔의 원끼리는 가로 또는 세로로 서로 연결되어 있습니다. 하나의 고리로 연결된 것은 아니며, 나뭇가지처럼 뻗어나가듯이 연결되어 있습니다. 검은색 원을 따라 가다 보면 모든 검은색 원을 만나고, 반대로 흰색 원을 따라 가다 보면 모든 흰색 원을 만날 수 있습니다. 단, 같은 색깔의 원이 2×2로 있을 수는 없습니다.

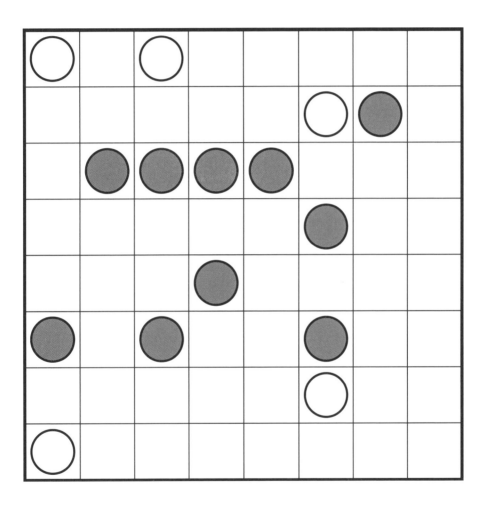

정답 147쪽

A에서 G까지의 문자를 빈 칸에 넣습니다. 이때 가로행, 세로열, 굵은 선 직소 퍼즐 모양 안에서 문자가 반복되지 않도록 합니다.

			B		A	
				C	E	
			D			
	B	F				
	E		G			

정답 147쪽

네모칸에 숫자를 적어 피라미드를 완성하세요. 각 네모칸은 바로 아래에 있는 두 네모칸의 합을 나타냅니다. 한 줄에 동일한 숫자가 여러 번 나올 수 있습니다.

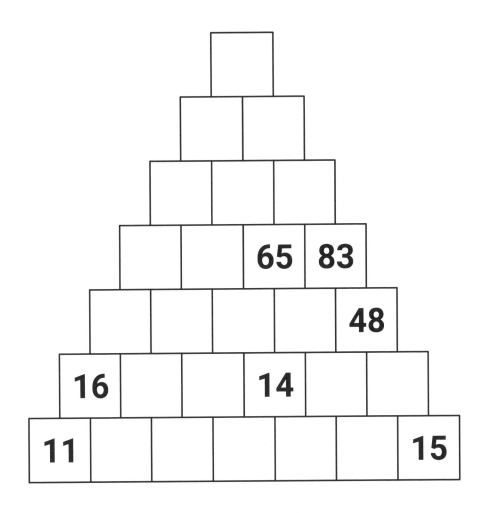

정답 147쪽

모든 점을 연결하여 하나로 이어보세요. 점의 일부는 이미 연결되어 있습니다. 점과 점은 가로 또는 세로로만 연결할 수 있고 어떠한 선도 교차하거나 맞닿을 수 없습니다.

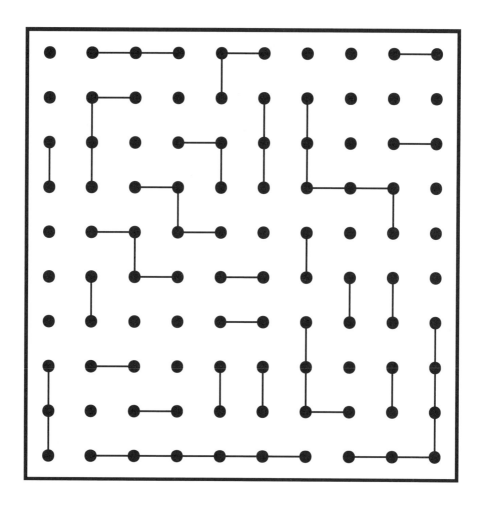

정답 148쪽

A에서 H까지의 문자를 빈 칸에 넣습니다. 각 가로행이나 세로열에 반복되는 문자가 올 수 없습니다. 또한 동일한 문자가 대각선으로 맞닿은 칸에는 올 수 없습니다.

			D	C			
		A				F	
	B	D			G	H	
C							A
A							B
	F	C			B	D	
		G			E		
			H	B			

다트 보드의 각 링에서 숫자를 한 개씩 선택하여 더한 총합이 60, 79, 86이 되도록 만듭니다.
예를 들어, 안쪽 링에서 15, 가운데 링에서 14, 바깥쪽 링에서 21을 더하면 50을 만들 수 있습니다. 한 번 쓰인 숫자가 또 쓰일 수 있습니다.

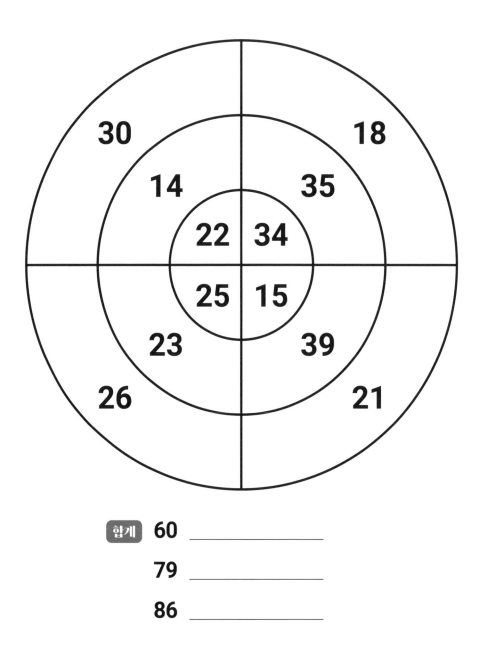

합계 60 _____

       79 _____

       86 _____

정답 148쪽

부등호 표시를 준수하면서 각 가로행과 세로열에 1에서 5까지의 숫자를 각각 한 번씩 넣어보세요.

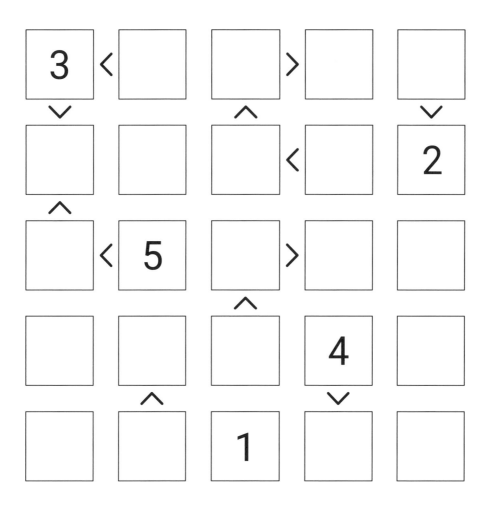

정답 148쪽

모든 네모칸을 지나가는 하나의 선을 그립니다. 선은 가로 또는 세로로만 그려야 하며, 한 네모칸에 두 번 이상 지나갈 수 없습니다. 또한 선은 굵은 선으로 구분된 각 영역을 한 번씩만 드나들 수 있습니다.

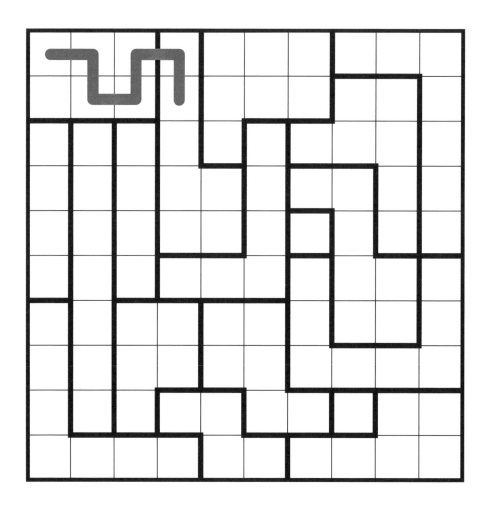

굵은 선으로 구분된 모든 영역에 원과 삼각형을 하나씩 그려 넣습니다. 같은 도형끼리는 서로 맞닿아 있을 수 없으며, 대각선 방향으로도 놓을 수 없습니다.

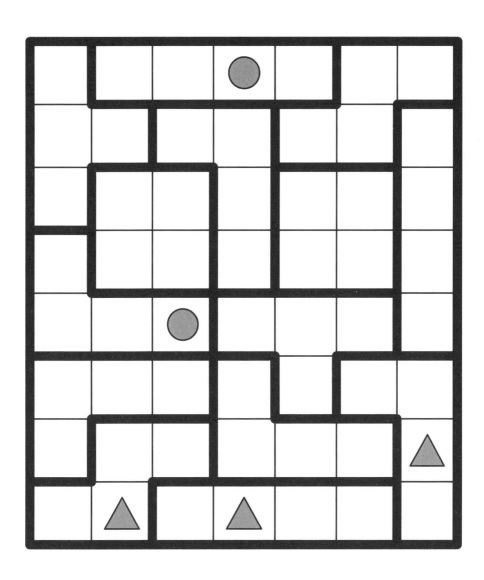

정답 148쪽

모든 네모칸에 1에서 25까지의 수를 정확히 한 번만 넣을 수 있습니다. 네모칸 안에 있는 화살표는 그 칸에 있는 수보다 하나 큰 수가 있는 방향을 가리킵니다.

예를 들어 네모칸에 1➡ 이렇게 써있다면 같은 행의 오른쪽에 있는 네모칸 중에 '1'보다 하나 큰, '2'가 있어야 한다는 뜻입니다. 만약 화살표가 ⬇아래 방향으로 되어 있다면 같은 열 아래쪽에 있는 네모칸 중에 '2'가 있어야 합니다.

1 ➡	⬇	⬇	⬇	⬅
➡	➡	⬇	⬇	17 ⬅
22 ➡	➡	➡	⬅	⬇
⬇	13 ⬅	➡	⬅	⬆
⬆	➡	⬆	10 ⬆	25

정답 149쪽

원을 가로 또는 세로 선으로 연결합니다. 각 원에 쓰인 숫자만큼 선을 연결하고, 원과 원을 연결하는 직선은 최대 2개까지만 가능합니다. 또한 선은 교차할 수 없으며 완성하면 모든 원은 연결되어 있습니다.

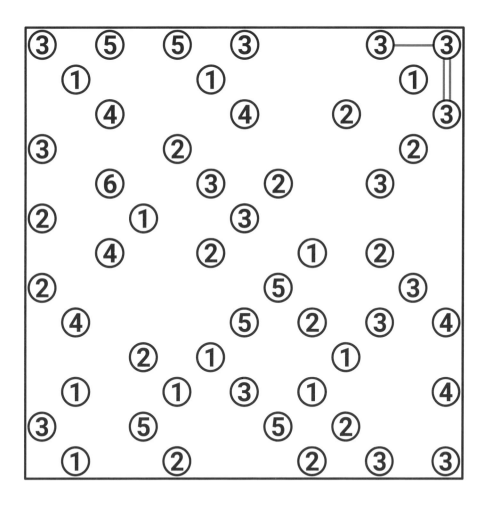

정답 149쪽

빈 네모칸에 'X' 또는 'O'를 채워 넣습니다. 단, 대각선을 포함한 어떤 방향으로도 4개 이상의 'X' 또는 'O'가 연속으로 올 수 없습니다.

O	O		X		X	X	O
X	X		O	X	X		X
O	X	X			O		
			O	X	O		X
	X		O				X
X		O	X			O	X
X		O	X	X			
	X		O	X		X	O

정답 149쪽

가로행과 세로열에 1에서 5까지 숫자를 각각 한 번씩 넣습니다. 사각형 바깥쪽에 쓰인 숫자는 해당 가로행 또는 세로열에서 바라 봤을 때 '보이는' 숫자의 개수입니다. 예를 들어 키 순으로 번호를 매긴 다섯 사람을 2-1-4-3-5 순서로 세웠을 때 왼쪽에서 바라보면 2, 4, 5번 총 세 명의 사람이 보이고 오른쪽에서 바라보면 5번 사람 한 명이 보입니다.

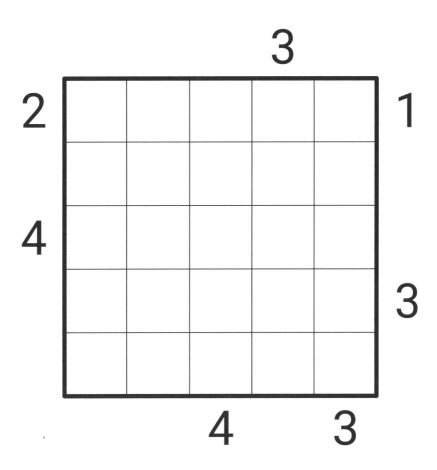

정답 149쪽

가로행과 세로열의 빈 칸에 1부터 9까지의 숫자를 채워 넣습니다. 가로행과 세로열, 그리고 굵은 선으로 표시된 3×3 네모 안에서도 같은 숫자가 두 번 들어가지 않도록 빈 칸을 모두 채우면 완성입니다.

2			7		6			9
	5						7	
		3		8		6		
1				6				3
		4	5		2	8		
8				1				6
		9		5		4		
	1						9	
5			8		3			1

정답 149쪽

작은 네모칸 안에 기찻길을 그려 넣어 입구에서 출구까지 이동하는 기찻길을 완성합니다. 틀 바깥쪽의 숫자는 가로행과 세로열에 쓰이는 기찻길 수를 나타내고 이 숫자대로 기찻길을 모두 사용해야 합니다. 기찻길은 직진하거나 직각으로만 돌 수 있고 서로 교차할 수 없습니다.

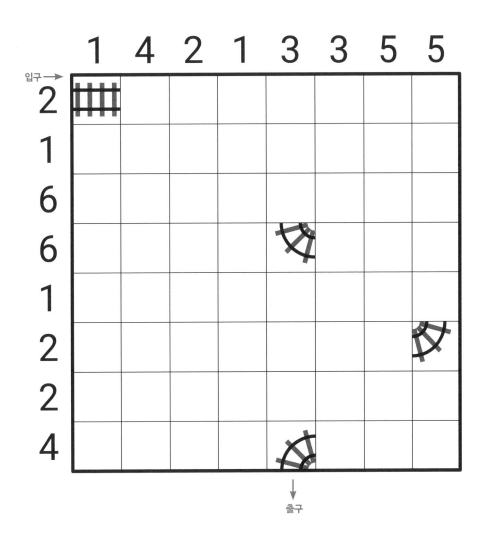

정답 149쪽

주어진 계산식을 암산으로 풀어보세요. 맨 위에 있는 굵은 글씨에서 시작해, 각 수학 연산을 차례로 적용해봅시다. 마지막 결과를 아래에 써보세요.

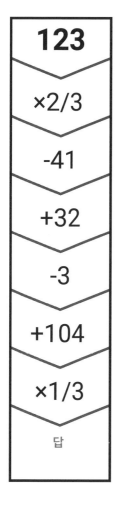

123

×2/3

-41

+32

-3

+104

×1/3

답

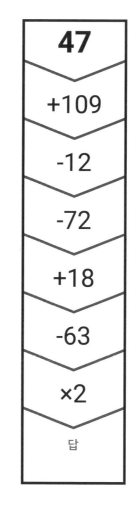

47

+109

-12

-72

+18

-63

×2

답

91

-59

-16

×14

×2/7

+16

+53

답

정답 150쪽

아래의 도형을 동일한 영역을 지닌 4개의 도형으로 나눠보세요. 도형은 회전한 모양일 수 있으나 반전되지는 않습니다(오른쪽의 예시를 참고하세요).

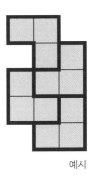

예시

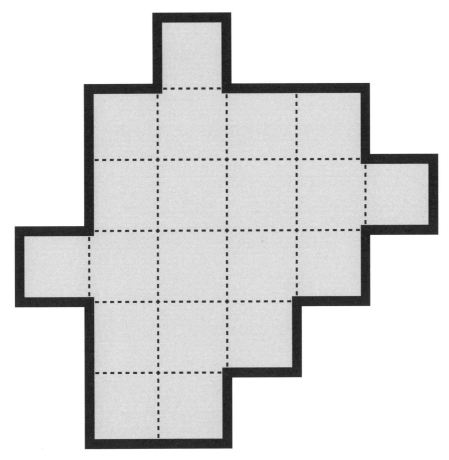

정답 150쪽

비어 있는 흰색 네모칸에 1부터 9까지의 숫자를 넣어 연속된 가로 또는 세로 칸들의 총 합이
각각 맨 왼쪽 또는 맨 위쪽에 주어진 수가 되게 만드세요. 연속된 흰색 네모칸에 같은 숫자는
들어갈 수 없습니다.

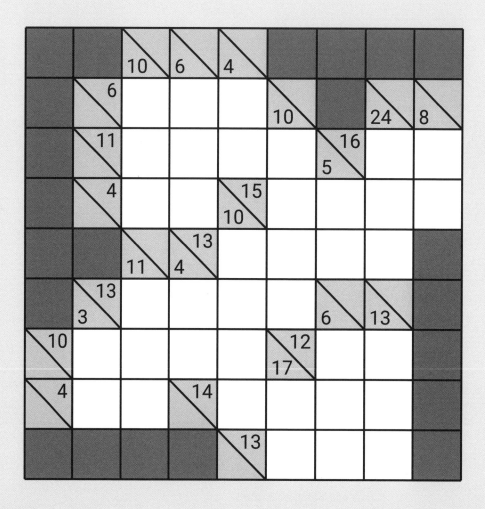

정답 150쪽

회색 원과 흰색 원이 짝이 되도록 가로선이나 세로선을 그립니다. 선은 서로 교차하거나 다른 원 위를 지날 수 없습니다. 모든 원은 짝을 이루고 남는 원이 없어야 합니다.

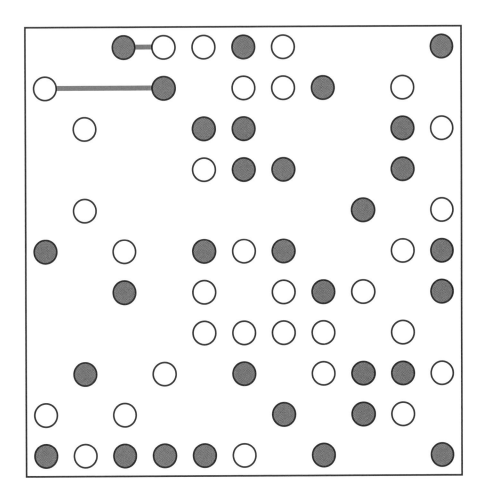

정답 150쪽

같은 모양과 색깔의 도형끼리 짝이 되도록 선을 그립니다. 선은 가로 또는 세로로만 그릴 수 있고, 한 네모칸을 두 번 이상 지날 수 없습니다. 모든 짝이 완성된 후 선이 지나가지 않은 네모칸은 없습니다.

정답 150쪽

입구에서 출구까지 원형 미로를 통과해 나오는 길을 찾아보세요.

정답 150쪽

아래 그림에서 정사각형을 몇 개나 찾을 수 있나요? 바깥에 있는 커다란 정사각형을 잊지 마세요!

정답 151쪽

가로선과 세로선을 이어 모든 칸을 정확히 한 번만 지나는 선을 그립니다. 선은 하나로 이어지며 한 번 꺾은 다음에는 다른 원을 만나야 합니다(선을 꺾지 않고 다른 원과 만날 수 없습니다). 또한 원을 만난 다음에는 반드시 선의 방향을 바꿔야 합니다.

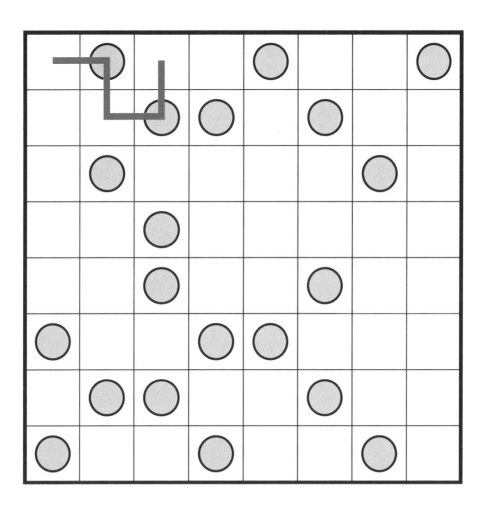

정답 151쪽

아래의 숫자 세트를 찾아보세요. 대각선을 포함한 어떤 방향으로도 찾을 수 있습니다.

```
1 5 3 9 4 4 8 0 0 5 3 8 3 1 1
6 6 3 7 0 9 5 9 1 6 7 1 8 4 6
6 4 7 0 6 0 2 4 4 9 2 4 7 5 7
7 1 1 4 0 8 0 4 2 0 5 4 7 0 9
6 7 6 0 0 4 1 0 2 2 5 1 8 4 6
7 7 8 2 9 1 5 8 4 5 4 7 5 1 6
0 6 3 0 3 5 5 1 0 8 6 3 8 7 0
9 1 9 6 5 5 4 2 2 0 5 0 3 9 7
1 2 2 6 2 4 6 2 0 2 3 6 7 3 2
1 5 4 4 2 7 9 0 8 1 4 4 4 3 9
1 6 2 3 0 4 7 7 8 2 0 6 0 9 0
9 5 7 9 4 4 0 6 7 5 7 1 5 7 0
7 4 9 8 8 3 4 5 4 1 8 1 5 4 0
2 8 8 8 1 5 5 6 5 1 4 9 0 8 4
6 1 8 4 0 0 0 3 3 1 4 2 3 4 7
```

144237	29094	618400	844935
190767	331423	652429	847000
229448	38587	67571	90004
242558	504179	680005	911646
280231	555646	714418	927066

정답 151쪽

아래의 구조물을 만들기 위해 몇 개의 정육면체가 사용되었을까
요? 보이지 않는 곳에도 정육면체가 존재하고, 오른쪽의 완벽한
5×5×5 정육면체 배열로 시작해 일부 정육면체들을 덜어냈다고
생각해보세요.

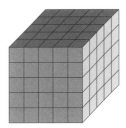

5×5×5 정육면체

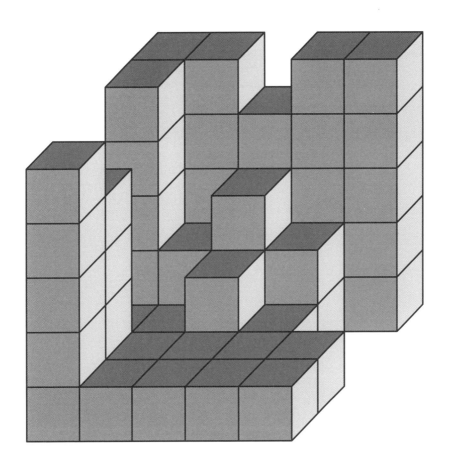

정답 151쪽

아래 글을 읽고 문제를 풀어보세요.

출장뷔페 요리사가 결혼식을 위해 60개의 컵케이크를 장식해야 합니다.

지금부터 결혼식 날까지 하루에 컵케이크를 매일 3개씩 장식하면

시간 안에 끝낼 수 있습니다. 계획대로 된다면 결혼식 날 마지막 3개의

컵케이크를 장식할 것입니다.

요리사는 오늘까지 하루에 컵케이크를 2개씩 장식하다가

목표에 도달하려면 속도를 내야 한다는 걸 깨달았습니다.

지금까지 장식한 컵케이크는 총 개수의 3분의 2이고,

오늘은 아직 컵케이크를 장식하지 않았습니다.

오늘부터 요리사가 하루에 컵케이크 4개를 장식한다면,

결혼식에 맞춰 모든 컵케이크를 준비할 수 있을까요?

정답

정답 151쪽

가로행, 세로열, 굵은 선으로 표시된 3×3 상자에서 같은 숫자가 두 번 이상 들어가지 않도록 각 네모칸에 1부터 9까지의 숫자를 넣습니다. 흰색 막대와 맞닿은 네모칸에는 2와 3 또는 8과 7 같은 연속된 숫자를 배치해야 합니다. 흰색 막대로 연결되지 않은 나머지 네모칸에는 연속된 숫자를 넣을 수 없습니다.

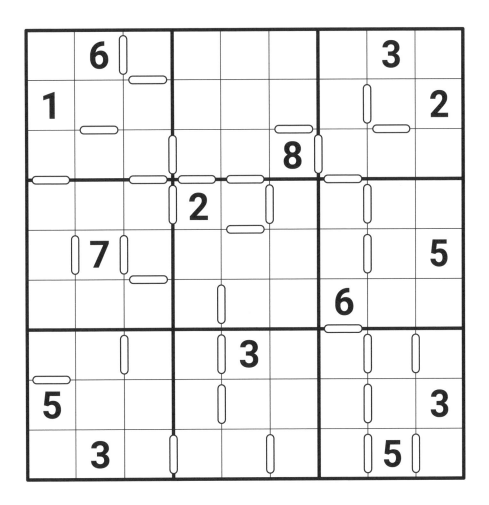

검은색 네모칸을 피해 모든 흰색 네모칸을 한 번만 지나가는 선을 그립니다. 선은 가로 또는 세로로만 그려야 하며 하나로 이어집니다.

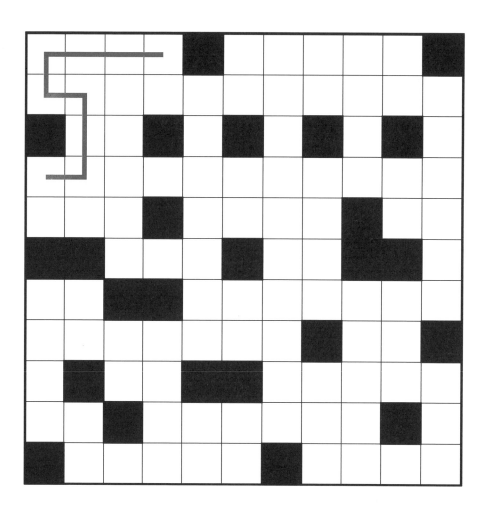

정답 152쪽

각 가로행과 세로열에 0과 1이 네 개씩 있도록 모든 빈 칸에 '0' 또는 '1'을 넣습니다. 가로행
또는 세로열을 따라 읽었을 때 같은 숫자가 세 번 이상 연속으로 올 수 없습니다.

		0				1	1
					1		1
			0	0			
		0					0
0					0		
			1	0			
1		0					
1	1				0		

정답 152쪽

각 네모칸에 1부터 9까지의 숫자를 넣습니다. 이때 가로행, 세로열, 굵은 선으로 구분된 3×3 상자, 점선으로 묶인 칸 안에 같은 숫자가 두 번 이상 들어가지 않도록 합니다. 점선으로 묶인 칸의 합은 왼쪽 상단에 주어진 값과 같습니다.

정답 152쪽

아래 네모칸에 표기된 0에서 6까지의 숫자를 둘씩 짝지어 28개의 도미노 패로 나눕니다. 도미노 패는 (0-0)⋯(0-6), (1-1)⋯(1-6), (2-2)⋯(2-6), (3-3)⋯(3-6), (4-4)⋯(4-6), (5-5), (5-6), (6-6) 총 28개이며, (6-0)과 (0-6)은 동일한 패로 칩니다. 오른쪽의 체크 차트를 사용해 도미노 패를 표시해보세요.

	0	1	2	3	4	5	6
6					○		
5				○			
4							
3							
2							
1							
0							

6	3	5	1	2	1	3	2
4	1	1	6	6	3	3	5
5	3	4	2	4	0	3	0
1	0	0	1	6	2	3	3
5	4	4	2	2	6	6	5
5	4	1	6	6	0	1	0
0	4	2	0	2	4	5	5

정답 152쪽

아래 글을 읽고 문제를 풀어보세요.

데이브, 벡스, 로라는 모두 같은 마을에 살고 있습니다. 그들은 각각 다른 크기의 정원이 있고, 정원에는 각각 다른 종류의 꽃을 심어놓았습니다.

- 데이브는 중간 크기의 정원을 가지고 있다.

- 가장 작은 정원을 가진 사람은 제라늄을 재배한다.

- 가장 큰 정원을 가진 사람의 번지수는 로라 집 번지수의 두 배이다.

- 번지수 중 두 개는 소수(素數)이다.

- 17번지에 사는 사람은 장미를 기른다.

- 벡스는 해바라기를 기른다.

- 번지수 중 두 개는 짝수이다.

각자 몇 번지에 살고, 어떤 크기의 정원에서 무슨 꽃을 심었을까요?

정답		번지 수	정원 크기	꽃 종류
데이브				
벡스				
로라				

정답 152쪽

아래쪽의 숫자 세트를 가로세로 낱말풀이처럼 네모칸에 맞춰 넣어보세요.

3자릿수		4자릿수	5자릿수	6자릿수
365	655	4443	18885	567633
369	689	5521	26525	578878
384	786	5819	37127	613308
416	787	6397	43787	978079
425	860		48963	
438	869		67286	7자릿수
498	897		68342	2050994
517	953		76041	3729245
595	956		90250	7198274
602	965		92233	7364772

정답 152쪽

점선을 따라 다양한 크기의 정사각형을 그립니다. 모든 영역을 사용해야 하며, 각 정사각형 안에는 하나의 원만 있어야 합니다.

정답 153쪽

일부 점끼리 연결하여 하나로 이어진 선을 만듭니다. 각 숫자는 숫자를 둘러싼 선분 개수를 의미합니다. 점은 가로나 세로로만 연결할 수 있고, 각각의 점은 한 번만 지나갈 수 있습니다.

```
0         3 3 3 2   1
   1 2     2       2 3
   1   1 2   2 1 1 1
 0 0 2 2 3   3 1 1
   1   1   1 1 3   3
 3   1 0 1   0   1
   2 2 2   3 1 0 0 3
 3 2 2 2   2 1   2
 1 2     1   3 3
 3   3 3 3 2       0
```

정답 153쪽

빈 칸에 1부터 6까지의 숫자를 넣어 2×3 네모와 6×6 네모를 채워보세요. 2×3, 6×6 네모를
채울 때 각각의 가로행과 세로열에서 같은 숫자가 두 번 이상 들어가지 않도록 해야 합니다.

정답 153쪽

빈 칸에 흰색 또는 검은색 원을 그려 넣습니다. 같은 색깔의 원끼리는 가로 또는 세로로 서로 연결되어 있습니다. 하나의 고리로 연결된 것은 아니며, 나뭇가지처럼 뻗어나가듯이 연결되어 있습니다. 검은색 원을 따라 가다 보면 모든 검은색 원을 만나고, 반대로 흰색 원을 따라 가다 보면 모든 흰색 원을 만날 수 있습니다. 단, 같은 색깔의 원이 2×2로 있을 수는 없습니다.

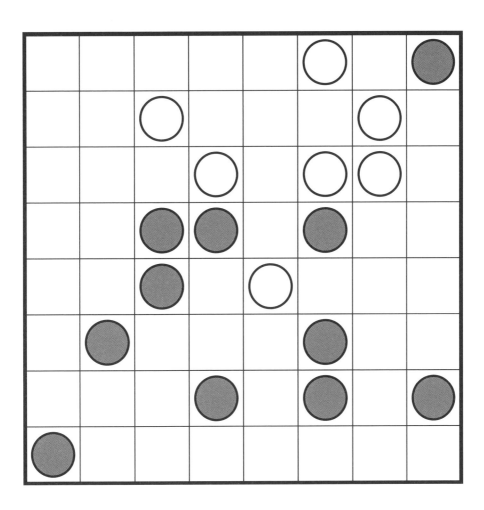

정답 153쪽

A에서 G까지의 문자를 빈 칸에 넣습니다. 이때 가로행, 세로열, 굵은 선 직소 퍼즐 모양 안에 서 문자가 반복되지 않도록 합니다.

E					D	A
			B			
				B		
		G				
			F			
B	C					G

정답 153쪽

네모칸에 숫자를 적어 피라미드를 완성하세요. 각 네모칸은 바로 아래에 있는 두 네모칸의 합을 나타냅니다. 한 줄에 동일한 숫자가 여러 번 나올 수 있습니다.

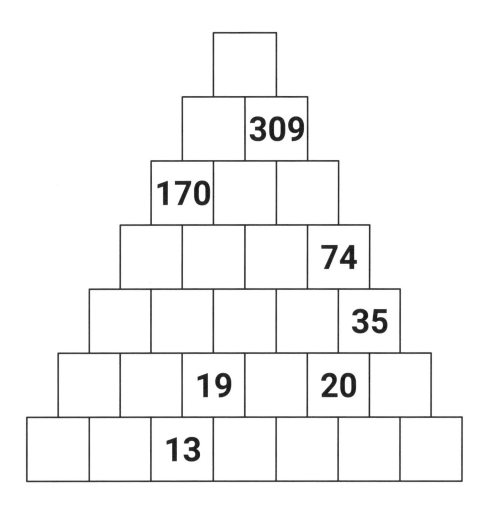

정답 153쪽

모든 점을 연결하여 하나로 이어보세요. 점의 일부는 이미 연결되어 있습니다. 점과 점은 가로 또는 세로로만 연결할 수 있고 어떠한 선도 교차하거나 맞닿을 수 없습니다.

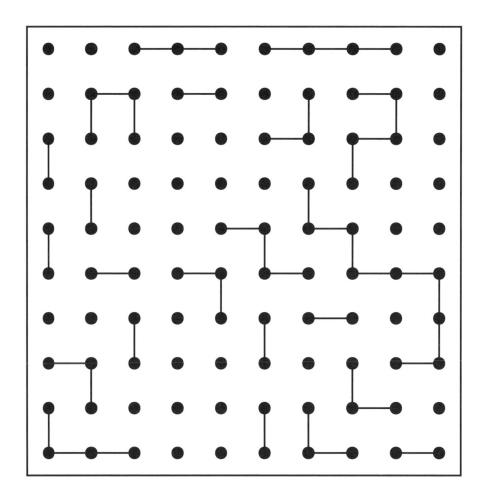

정답 154쪽

A에서 H까지의 문자를 빈 칸에 넣습니다. 각 가로행이나 세로열에 반복되는 문자가 올 수 없습니다. 또한 동일한 문자가 대각선으로 맞닿은 칸에는 올 수 없습니다.

F							C
		G			C		
	C		A	B		G	
		B	C	D	E		
		E	G	A	F		
	A		F	E		H	
		H				A	
A							B

정답 154쪽

다트 보드의 각 링에서 숫자를 한 개씩 선택하여 더한 총합이 56, 70, 78이 되도록 만듭니다. 예를 들어, 안쪽 링에서 20, 가운데 링에서 10, 바깥쪽 링에서 14를 더하면 44를 만들 수 있습니다. 한 번 쓰인 숫자가 또 쓰일 수 있습니다.

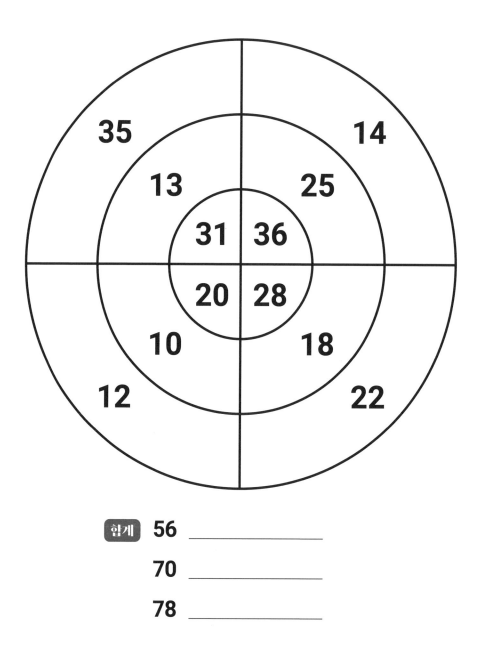

합계 **56** _____

70 _____

78 _____

아래 글을 읽고 문제를 풀어보세요.

한 남자가 페인트를 사기 위해 페인트 가게에 갑니다.

그는 두 개의 빈 페인트 통을 가지고 가는데,

이 중 하나는 가득 채웠을 때 페인트를 4리터 담을 수 있고,

다른 하나는 가득 채웠을 때 페인트를 9리터 담을 수 있습니다.

남자의 집 벽에 페인트칠을 하려면 정확히 3리터의 페인트가 필요합니다.

그 페인트 가게에는 남자가 사고 싶어 하는 페인트가 거대한 통에 담겨 있고,

그것을 남자가 가지고 간 빈 통에 담을 수 있는 수도꼭지가 있지만,

리터를 측정할 방법은 없습니다.

그는 자신의 페인트 통들을 사용해

어떻게 정확히 페인트 3리터를 측정할 수 있을까요?

정답

정답 154쪽

부등호 표시를 준수하면서 각 가로행과 세로열에 1에서 6의 숫자를 각각 한 번씩 넣어보세요.

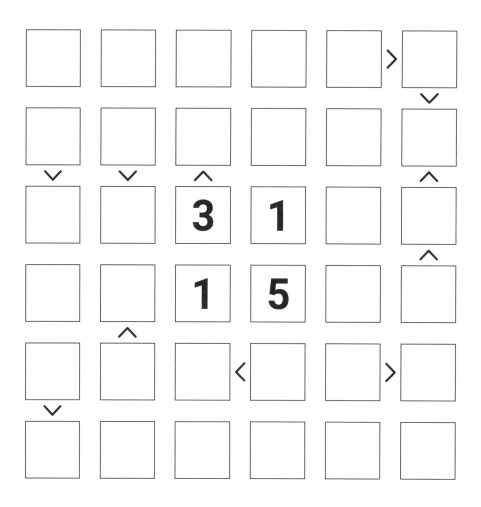

정답 154쪽

모든 네모칸을 지나가는 하나의 선을 그립니다. 선은 가로 또는 세로로만 그려야 하며, 한 네모칸에 두 번 이상 지나갈 수 없습니다. 또한 선은 굵은 선으로 구분된 각 영역을 한 번씩만 드나들 수 있습니다.

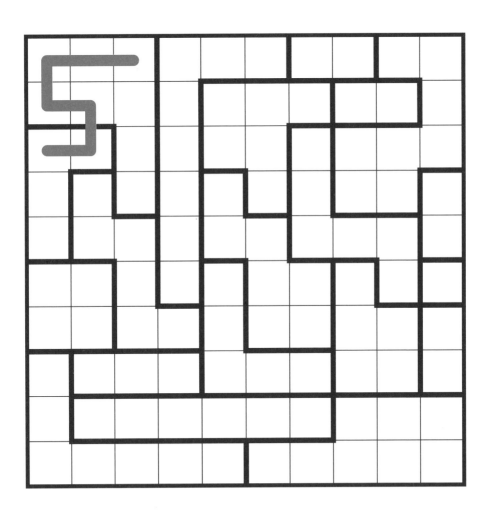

정답 154쪽

굵은 선으로 구분된 모든 영역에 원과 삼각형을 하나씩 그려 넣습니다. 같은 도형끼리는 서로 맞닿아 있을 수 없으며, 대각선 방향으로도 놓을 수 없습니다.

정답 155쪽

모든 네모칸에 1에서 25까지의 수를 정확히 한 번만 넣을 수 있습니다. 네모칸 안에 있는 화살표는 그 칸에 있는 수보다 하나 큰 수가 있는 방향을 가리킵니다.

예를 들어 네모칸에 1➡ 이렇게 써있다면 같은 행의 오른쪽에 있는 네모칸 중에 '1'보다 하나 큰, '2'가 있어야 한다는 뜻입니다. 만약 화살표가 ⬇아래 방향으로 되어 있다면 같은 열 아래쪽에 있는 네모칸 중에 '2'가 있어야 합니다.

1 ➡	⬇	⬇	⬇	⬅
⬇	22 ➡	➡	⬇	⬅
➡	10 ⬇	⬇	⬆	16 ⬅
➡	⬆	➡	⬅	⬆
⬆	⬅	⬆	➡	25

정답 155쪽

원을 가로 또는 세로 선으로 연결합니다. 각 원에 쓰인 숫자만큼 선을 연결하고, 원과 원을 연결하는 직선은 최대 2개까지만 가능합니다. 또한 선은 교차할 수 없으며 완성하면 모든 원은 연결되어 있습니다.

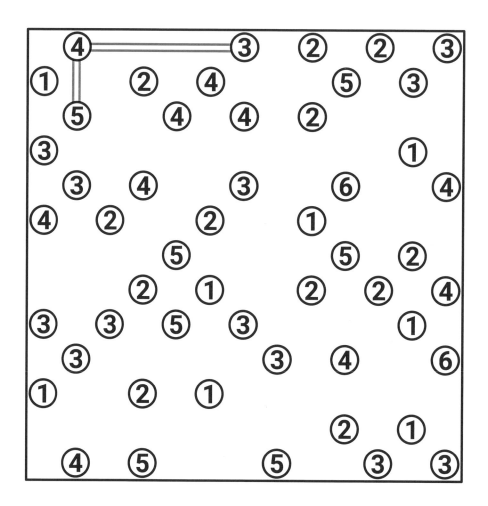

정답 155쪽

빈 네모칸에 'X' 또는 'O'를 채워 넣습니다. 단, 대각선을 포함한 어떤 방향으로도 4개 이상
의 'X' 또는 'O'가 연속으로 올 수 없습니다.

X		O			X	X	X
O			X	X		X	
		O		O		X	X
X	X			O		O	X
		X					
	O	X		X	O		
O		O			O		O
X		X		X		X	

정답 155쪽

73

가로행과 세로열에 1에서 6까지 숫자를 각각 한 번씩 넣습니다. 사각형 바깥쪽에 쓰인 숫자는 해당 가로행 또는 세로열에서 바라 봤을 때 '보이는' 숫자의 개수입니다. 예를 들어 키 순으로 번호를 매긴 다섯 사람을 2-1-4-3-5 순서로 세웠을 때 왼쪽에서 바라보면 2, 4, 5번 총 세 명 의 사람이 보이고 오른쪽에서 바라보면 5번 사람 한 명이 보입니다.

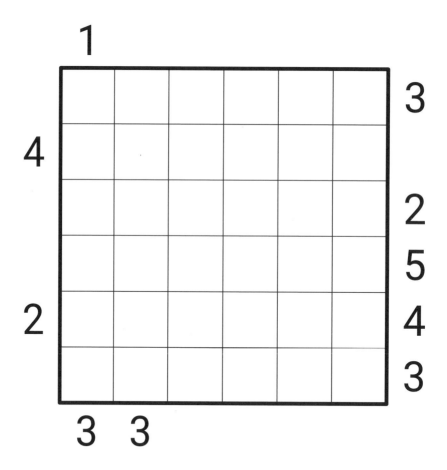

가로행 세로열의 빈 칸에 1부터 9까지의 숫자를 채워 넣습니다. 가로행과 세로열, 그리고 굵은 선으로 표시된 3×3 네모 안에서도 같은 숫자가 두 번 이상 들어가지 않도록 빈 칸을 모두 채우면 완성입니다.

		3	1		2	5		
	1			4			2	
6								4
8				3				7
	6		5	9	4		3	
4				6				1
1								2
	5			1			7	
		9	8		6	1		

정답 155쪽

작은 네모칸 안에 기찻길을 그려 넣어 입구에서 출구까지 이동하는 기찻길을 완성합니다. 틀
바깥쪽의 숫자는 가로행과 세로열에 쓰이는 기찻길 수를 나타내고 이 숫자대로 기찻길을 모두
사용해야 합니다. 기찻길은 직진하거나 직각으로만 돌 수 있고 서로 교차할 수 없습니다.

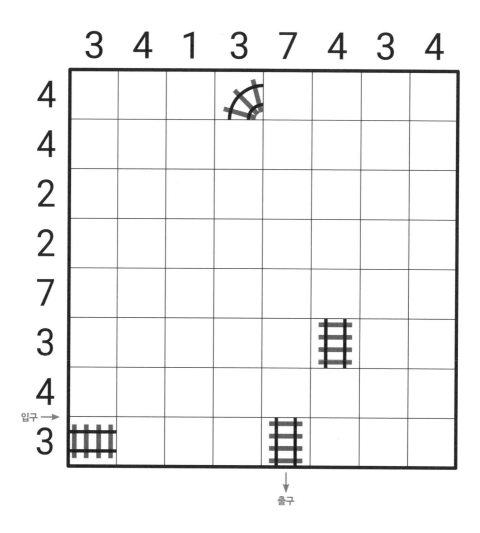

주어진 계산식을 암산으로 풀어보세요. 맨 위에 있는 굵은 수에서 시작해, 각 수학 연산을 차례로 적용해봅시다. 마지막 결과를 아래에 써보세요.

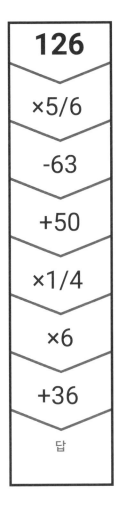

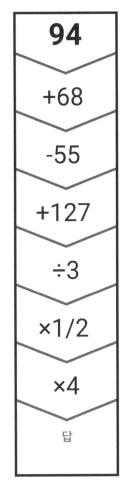

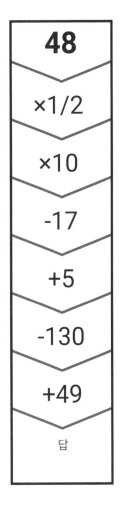

정답 156쪽

서로 다른 각도로 놓인 꽃다발 중 똑같은 꽃다발 두 개를 찾을 수 있나요? 나머지 꽃다발 네 개
는 모두 조금씩 다릅니다.

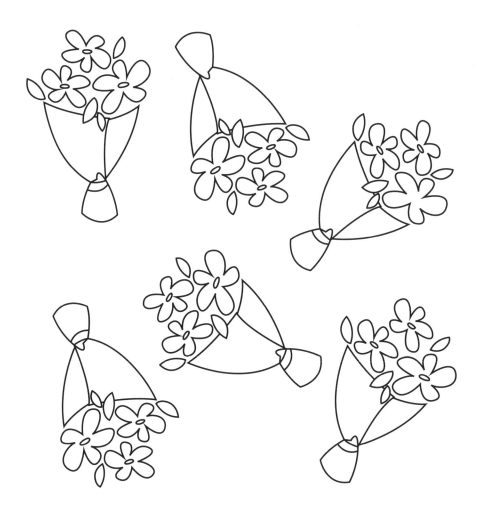

정답 156쪽

비어 있는 흰색 네모칸에 1부터 9까지의 숫자를 넣어 연속된 가로 또는 세로 칸들의 총 합이 각각 맨 왼쪽 또는 맨 위쪽에 주어진 수가 되게 만드세요. 연속된 흰색 네모칸에 같은 숫자는 들어갈 수 없습니다.

회색 원과 흰색 원이 짝이 되도록 가로선이나 세로선을 그립니다. 선은 서로 교차하거나 다른 원 위를 지날 수 없습니다. 모든 원은 짝을 이루고 남는 원이 없어야 합니다.

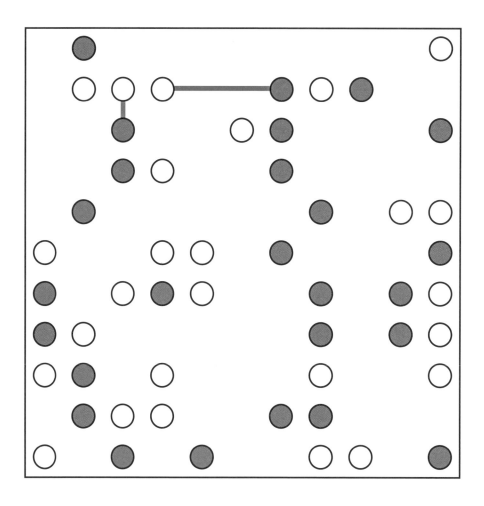

정답 156쪽

같은 모양과 색깔의 도형끼리 짝이 되도록 선을 그립니다. 선은 가로 또는 세로로만 그릴 수 있고, 한 네모칸을 두 번 이상 지날 수 없습니다. 모든 짝이 완성된 후 선이 지나가지 않은 네모 칸은 없습니다.

정답 156쪽

가로선과 세로선을 이어 모든 칸을 정확히 한 번만 지나는 선을 그립니다. 선은 하나로 이어지며 한 번 꺾은 다음에는 다른 원을 만나야 합니다(선을 꺾지 않고 다른 원과 만날 수 없습니다). 또한 원을 만난 다음에는 반드시 선의 방향을 바꿔야 합니다.

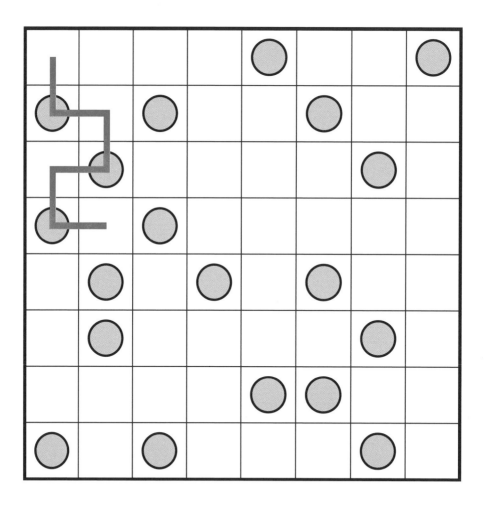

정답 157쪽

아래의 숫자 세트를 찾아보세요. 대각선을 포함한 어떤 방향으로도 찾을 수 있습니다.

6	9	7	4	3	0	1	2	2	0	3	9	7	1	1
8	8	2	8	8	5	1	1	4	5	0	0	9	0	6
0	1	8	7	7	0	2	9	7	1	3	5	5	5	2
7	3	0	1	3	7	8	1	3	1	0	4	9	0	3
1	0	5	1	2	6	0	7	8	1	5	0	3	0	4
1	5	3	8	0	0	7	4	5	6	2	8	3	9	5
9	5	2	0	1	3	1	7	0	5	7	5	5	1	9
2	9	5	3	4	0	1	0	9	7	8	8	1	3	9
1	3	9	5	8	9	4	9	1	7	9	4	2	0	9
2	3	5	1	4	8	6	4	1	1	9	3	5	9	0
7	1	3	0	3	4	9	1	4	2	8	2	5	0	8
3	1	7	2	6	9	5	3	7	3	8	3	5	8	0
0	9	9	6	2	4	0	2	3	1	5	6	5	0	3
3	3	8	7	0	3	0	9	5	3	1	9	3	8	6
0	1	1	6	4	7	1	4	9	7	5	0	6	9	7

118035	311931	521867	763080
12555	349489	53798	809031
212730	469500	605794	901377
302210	495891	634841	952095
303587	501571	676201	95344

정답 157쪽

아래의 구조물을 만들기 위해 몇 개의 정육면체가 사용되었을까
요? 보이지 않는 곳에도 정육면체가 존재하고, 오른쪽의 완벽한
5×5×5 정육면체 배열로 시작해 일부 정육면체들을 덜어냈다고
생각해보세요.

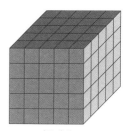

5×5×5 정육면체

가로행, 세로열, 굵은 선으로 표시된 3×3 상자에서 같은 숫자가 두 번 이상 들어가지 않도록 각 네모칸에 1부터 9까지의 숫자를 넣습니다. 흰색 막대와 맞닿은 네모칸에는 2와 3 또는 8과 7 같은 연속된 숫자를 배치해야 합니다. 흰색 막대로 연결되지 않은 나머지 네모칸에는 연속된 숫자를 넣을 수 없습니다.

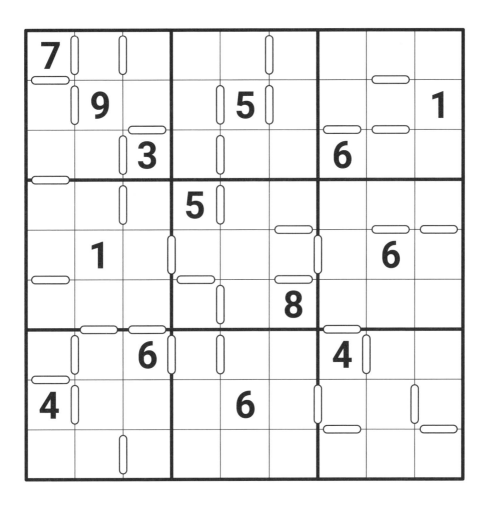

정답 157쪽

검은색 네모칸을 피해 모든 흰색 네모칸을 한 번만 지나가는 선을 그립니다. 선은 가로 또는 세로로만 그려야 하며 하나로 이어집니다.

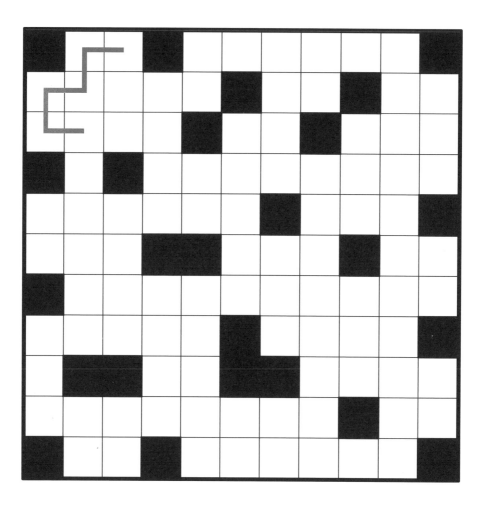

정답 157쪽

각 가로행과 세로열에 0과 1이 네 개씩 있도록 모든 빈 칸에 '0' 또는 '1'을 넣습니다. 가로행
또는 세로열을 따라 읽었을 때 같은 숫자가 세 번 이상 연속으로 올 수 없습니다.

0	0		0		0		1
			0			1	
		0					0
	0			0			0
1			0			0	
0					0		
	1			1			
1		0		0		0	0

정답 157쪽

각 네모칸에 1부터 9까지의 숫자를 넣습니다. 이때 가로행, 세로열, 굵은 선으로 구분된 3×3 상자, 점선으로 묶인 칸 안에 같은 숫자가 두 번 들어가지 않도록 합니다. 점선으로 묶인 칸의 합은 왼쪽 상단에 주어진 값과 같습니다.

정답 158쪽

아래 네모칸에 표기된 0에서 6까지의 숫자를 둘씩 짝지어 28개의 도미노 패로 나눕니다. 도미노 패는 (0-0)…(0-6), (1-1)…(1-6), (2-2)…(2-6), (3-3)…(3-6), (4-4)…(4-6), (5-5), (5-6), (6-6) 총 28개이며, (6-0)과 (0-6)은 동일한 패로 칩니다. 오른쪽의 체크 차트를 사용해 도미노 패를 표시해보세요.

	0	1	2	3	4	5	6
6							
5				○			
4				○			
3							
2							
1							
0							

3	5	0	2	5	1	6	2
4	6	4	0	5	2	2	5
4	1	1	4	0	6	2	4
3	2	0	0	3	3	0	6
4	4	1	5	1	3	4	1
3	5	0	6	5	3	6	6
6	2	1	2	0	3	5	1

정답 158쪽

아래 글을 읽고 문제를 풀어보세요.

서로 다른 도시에 사는 세 친구 라나, 에릭, 헬렌이 만났습니다. 그들은 각각 다른 교통수단을 사용하여 개별적으로 도착했습니다.

• 라나는 헬싱키에서 왔다.

• 가장 먼저 도착한 사람은 배를 타고 도착했다.

• 베를린에서 온 사람은 비행기로 도착했다.

• 에릭은 기차를 탔다.

• 마지막으로 도착한 사람은 마르세유에서 왔다.

• 헬렌은 마지막에 도착하지 않았다.

친구들은 어느 도시에서 어떤 교통수단을 타고 왔을까요?

정답	도시	교통수단	도착 순서
라나			
에릭			
헬렌			

정답 158쪽

점선을 따라 다양한 크기의 정사각형을 그립니다. 모든 영역을 사용해야 하며, 각 정사각형 안에는 하나의 원만 있어야 합니다.

정답 158쪽

일부 점끼리 연결하여 하나로 이어진 선을 만듭니다. 각 숫자는 숫자를 둘러싼 선분 개수를 의미합니다. 점은 가로나 세로로만 연결할 수 있고, 각각의 점은 한 번만 지나갈 수 있습니다.

```
  0 2 3 2 0   1
1 1 3   2   1 3
3 2   3   2 2   2
2 2   2 1 1   2   3
2   2   3   2 3 2
  3 3 2   3   1   2
0   1   2 3 1   3 3
    0   1 1   3   2 2
      0 1   1   0 1 3
      0   2 3 3 2 2
```

정답 158쪽

빈 칸에 1부터 6까지의 숫자를 넣어 2×3 네모와 6×6 네모를 채워보세요. 2×3, 6×6 네모를
채울 때 각각의 가로행과 세로열에서 같은 숫자가 두 번 이상 들어가지 않도록 해야 합니다.

빈 칸에 흰색 또는 검은색 원을 그려 넣습니다. 같은 색깔의 원끼리는 가로 또는 세로로 서로 연결되어 있습니다. 하나의 고리로 연결된 것은 아니며, 나뭇가지처럼 뻗어나가듯이 연결되어 있습니다. 검은색 원을 따라 가다 보면 모든 검은색 원을 만나고, 반대로 흰색 원을 따라 가다 보면 모든 흰색 원을 만날 수 있습니다. 단, 같은 색깔의 원이 2×2로 있을 수는 없습니다.

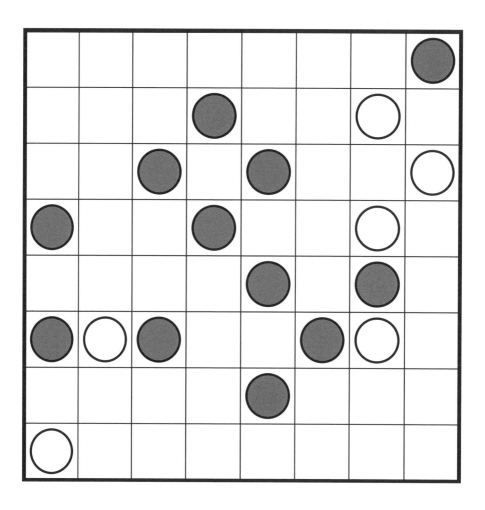

A에서 G까지의 문자를 빈 칸에 넣습니다. 이때 가로행, 세로열, 굵은 선 직소 퍼즐 모양 안에서 문자가 반복되지 않도록 합니다.

						B
A				D	F	
		G	E			
			F	C		
	F	E				A
B						

정답 159쪽

네모칸에 숫자를 적어 피라미드를 완성하세요. 각 네모칸은 바로 아래에 있는 두 네모칸의 합을 나타냅니다. 한 줄에 동일한 숫자가 여러 번 나올 수 있습니다.

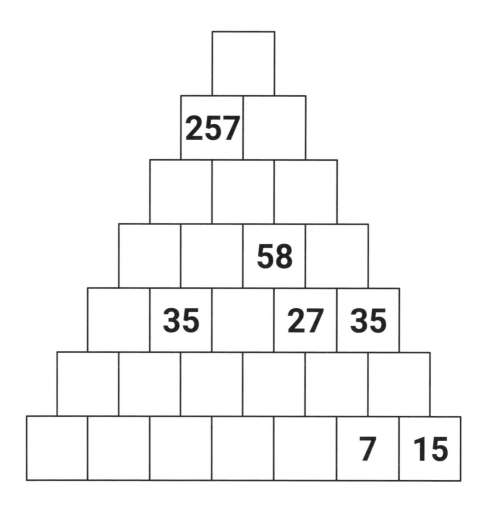

모든 점을 연결하여 하나로 이어보세요. 점의 일부는 이미 연결되어 있습니다. 점과 점은 가로 또는 세로로만 연결할 수 있고 어떠한 선도 교차하거나 맞닿을 수 없습니다.

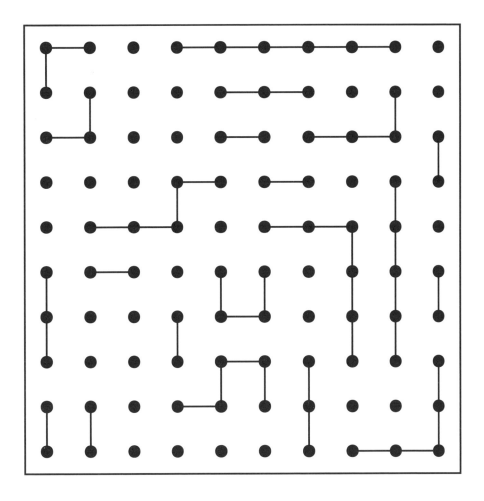

정답 159쪽

A에서 H까지의 문자를 빈 칸에 넣습니다. 각 가로행이나 세로열에 반복되는 문자가 올 수 없습니다. 또한 동일한 문자가 대각선으로 맞닿은 칸에는 올 수 없습니다.

	F					D	
G	E					F	B
		H	B				
	D			G			
	C			D			
		G	C				
F	H					G	C
	D				B		

정답 159쪽

다트 보드의 각 링에서 숫자를 한 개씩 선택하여 더한 총합이 44, 55, 63이 되도록 만듭니다.
예를 들어, 안쪽 링에서 14, 가운데 링에서 9, 바깥쪽 링에서 10을 더하면 33을 만들 수 있습
니다. 한 번 쓰인 숫자가 또 쓰일 수 있습니다.

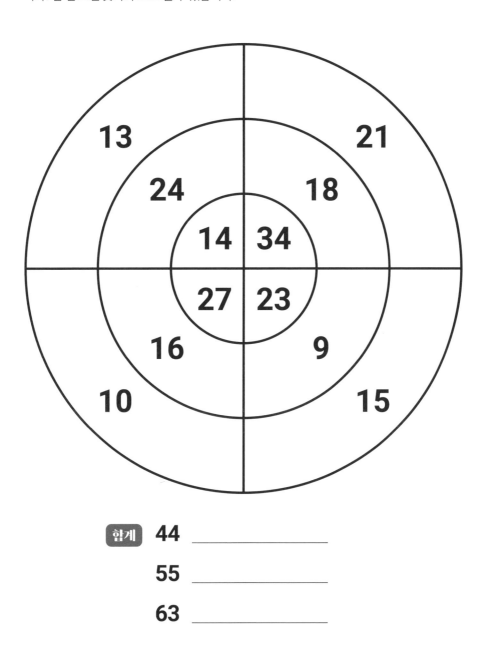

합계 44 _____

      55 _____

      63 _____

정답 159쪽

아래 글을 읽고 문제를 풀어보세요.

카즈는 달력에서 오늘 날짜를 보고 있습니다.
카즈가 달력을 보고 알게 된 사실은 다음과 같습니다.

• 이번 달은 월요일에 시작해서 일요일에 끝난다.

• 오늘 날짜는 소수(素數)이다.

• 오늘은 수요일이다.

• 오늘은 한 달에서 반이 지난 날이다.

오늘은 몇 월 며칠일까요?

정답 _____

부등호 표시를 준수하면서 각 가로행과 세로열에 1에서 6의 숫자를 각각 한 번씩 넣어보세요.

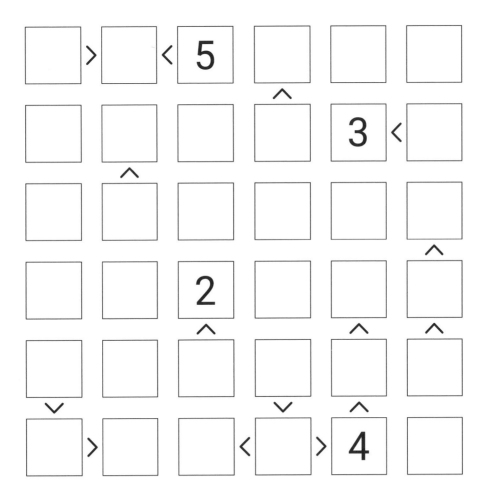

정답 160쪽

모든 네모칸을 지나가는 하나의 선을 그립니다. 선은 가로 또는 세로로만 그려야 하며, 한 네모칸에 두 번 이상 지나갈 수 없습니다. 또한 선은 굵은 선으로 구분된 각 영역을 한 번씩만 드나들 수 있습니다.

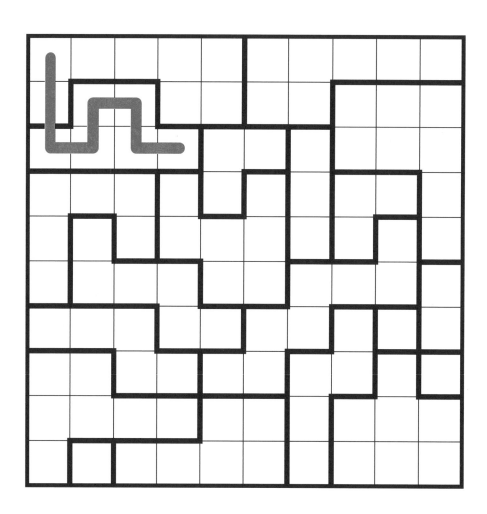

정답 160쪽

굵은 선으로 구분된 모든 영역에 원과 삼각형을 하나씩 그려 넣습니다. 같은 도형끼리는 서로 맞닿아 있을 수 없으며, 대각선 방향으로도 놓을 수 없습니다.

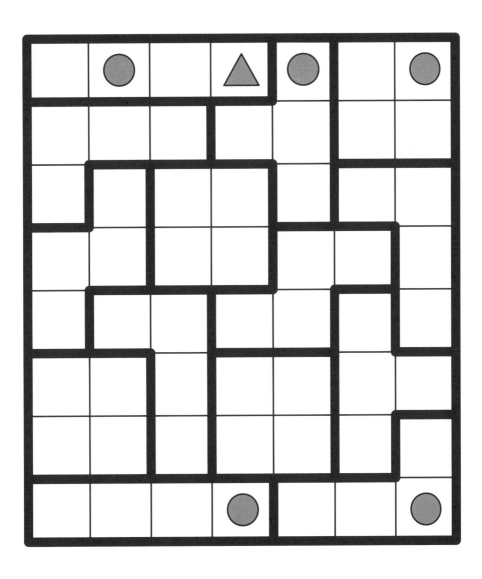

정답 160쪽

모든 네모칸에 1에서 25까지의 수를 정확히 한 번만 넣을 수 있습니다. 네모칸 안에 있는 화살표는 그 칸에 있는 숫자보다 하나 큰 수가 있는 방향을 가리킵니다.

예를 들어 네모칸에 1➡ 이렇게 써있다면 같은 행의 오른쪽에 있는 네모칸 중에 '1'보다 하나 큰, '2'가 있어야 한다는 뜻입니다. 만약 화살표가 ⬇아래 방향으로 되어 있다면 같은 열 아래쪽에 있는 네모칸 중에 '2'가 있어야 합니다.

1 ➡	⬇	➡	⬇	⬅
➡	➡	⬅	➡	⬇
⬇	5 ➡	⬅	⬅	⬇
⬇	⬆	⬆	⬅	7 ⬅
➡	⬆	⬅	⬅	25

정답 160쪽

원을 가로 또는 세로 선으로 연결합니다. 각 원에 쓰인 숫자만큼 선을 연결하고, 원과 원을 연결하는 직선은 최대 2개까지만 가능합니다. 또한 선은 교차할 수 없으며 완성하면 모든 원은 연결되어 있습니다.

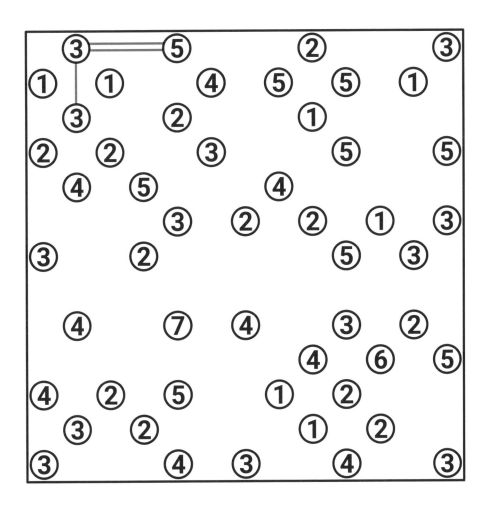

정답 160쪽

빈 네모칸에 'X' 또는 'O'를 채워 넣습니다. 단, 대각선을 포함한 어떤 방향으로도 4개 이상의 'X' 또는 'O'가 연속으로 올 수 없습니다.

	X	X		O	O		
X	O		O			X	X
	O	O	X	O		X	X
X							X
	X	X		X	O		
X	X		X			X	X
X						O	O
	X		X	X	X		X

정답 161쪽

가로행과 세로열에 1에서 6까지 숫자를 각각 한 번씩 넣습니다. 사각형 바깥쪽에 쓰인 숫자는 해당 가로행 또는 세로열에서 바라 봤을 때 '보이는' 숫자의 개수입니다. 예를 들어 키 순으로 번호를 매긴 다섯 사람을 2-1-4-3-5 순서로 세웠을 때 왼쪽에서 바라보면 2, 4, 5번 총 세 명의 사람이 보이고 오른쪽에서 바라보면 5번 사람 한 명이 보입니다.

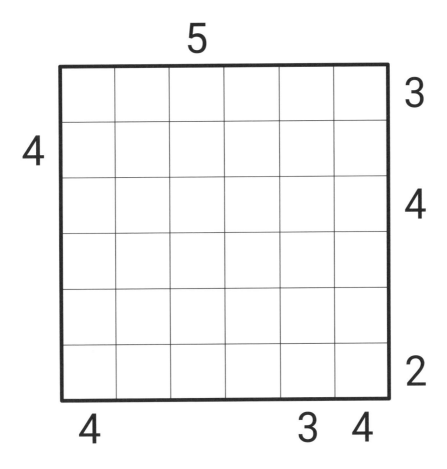

정답 161쪽

가로행과 세로열의 빈 칸에 1부터 9까지의 숫자를 채워 넣습니다. 가로행과 세로열, 그리고 굵은 선으로 표시된 3×3 네모 안에서도 같은 숫자가 두 번 이상 들어가지 않도록 빈 칸을 모두 채우면 완성입니다.

		4				9		
		8	4		3	6		
2	7						5	4
	8			4			6	
			6	7	1			
	6			8			1	
3	1						9	5
		2	5		4	7		
		7				1		

정답 161쪽

작은 네모칸 안에 기찻길을 그려 넣어 입구에서 출구까지 이동하는 기찻길을 완성합니다. 틀 바깥쪽의 숫자는 가로행과 세로열에 쓰이는 기찻길 수를 나타내고 이 숫자대로 기찻길을 모두 사용해야 합니다. 기찻길은 직진하거나 직각으로만 돌 수 있고 서로 교차할 수 없습니다.

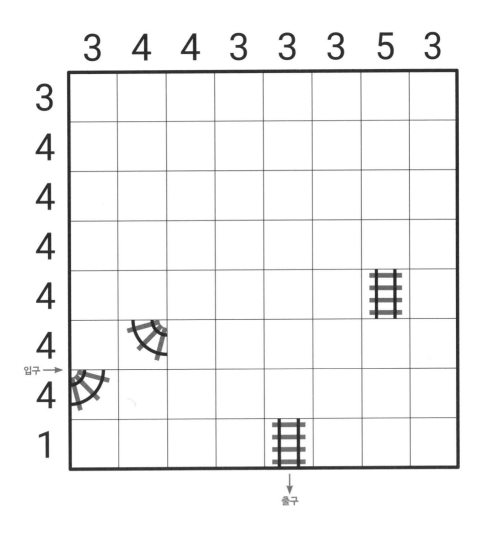

주어진 계산식을 암산으로 풀어보세요. 맨 위에 있는 굵은 수에서 시작해, 각 수학 연산을 차례로 적용해봅시다. 마지막 결과를 아래에 써보세요.

82	**27**	**79**
+54	+44	+110
÷8	-2	÷3
+63	÷3	×2/7
-44	×8	+126
×6	×3/4	-108
÷4	+69	×2
답	답	답

정답 161쪽

아래의 도형을 동일한 영역을 지닌 4개의 도형으로 나눠보세요. 도형은 회전한 모양일 수 있으나 반전되지는 않습니다(오른쪽의 예시를 참고 하세요).

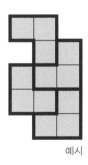

예시

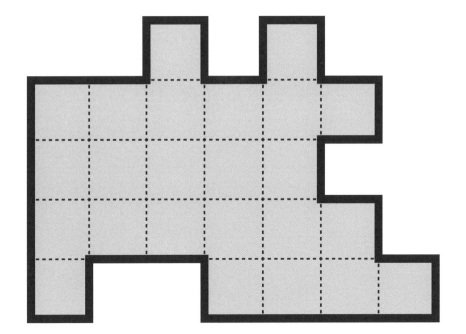

정답 161쪽

비어 있는 흰색 네모칸에 1부터 9까지의 숫자를 넣어 연속된 가로 또는 세로 칸들의 총 합이
각각 맨 왼쪽 또는 맨 위쪽에 주어진 수가 되게 만드세요. 연속된 흰색 네모칸에 같은 숫자는
들어갈 수 없습니다.

정답 162쪽

회색 원과 흰색 원이 짝이 되도록 가로선이나 세로선을 그립니다. 선은 서로 교차하거나 다른 원 위를 지날 수 없습니다. 모든 원은 짝을 이루고 남는 원이 없어야 합니다.

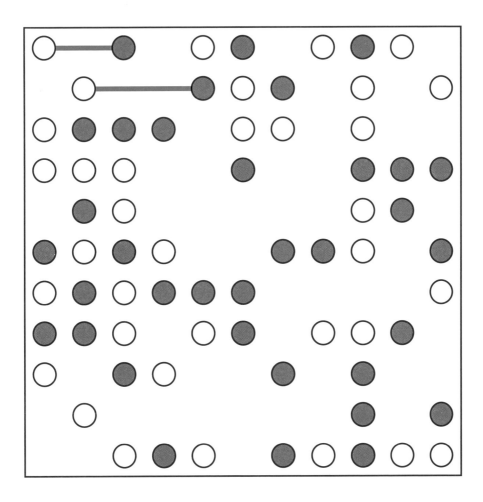

같은 모양과 색깔의 도형끼리 짝이 되도록 선을 그립니다. 선은 가로 또는 세로로만 그릴 수 있고, 한 네모칸을 두 번 이상 지날 수 없습니다. 모든 짝이 완성된 후 선이 지나가지 않은 네모칸은 없습니다.

입구에서 출구까지 원형 미로를 통과해 나오는 길을 찾아보세요.

입구

출구

정답 162쪽

이 그림에서 정사각형을 몇 개나 찾을 수 있나요? 바깥에 있는 커다란 정사각형을 잊지 마세요!

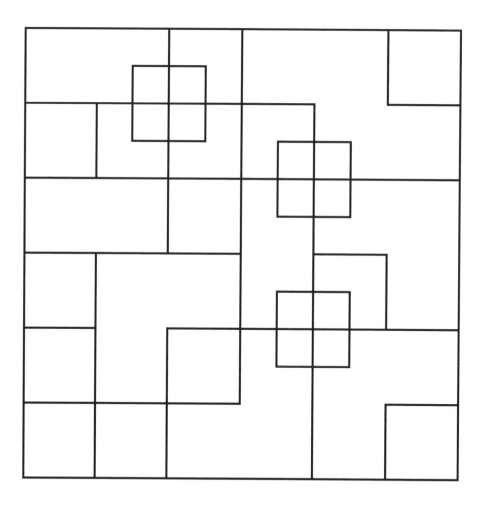

가로선과 세로선을 이어 모든 칸을 정확히 한 번만 지나는 선을 그립니다. 선은 하나로 이어지며 한 번 꺾은 다음에는 다른 원을 만나야 합니다(선을 꺾지 않고 다른 원과 만날 수 없습니다). 또한 원을 만난 다음에는 반드시 선의 방향을 바꿔야 합니다.

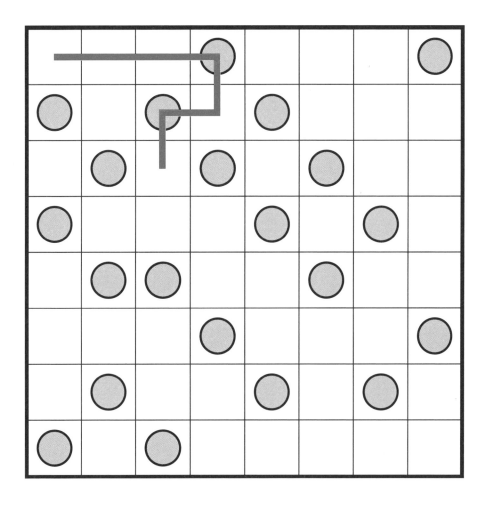

정답 162쪽

아래의 숫자 세트를 찾아보세요. 대각선을 포함한 어떤 방향으로도 찾을 수 있습니다.

```
8 3 5 0 2 3 8 7 8 6 5 3 1 9 0
2 6 7 7 1 4 3 5 8 4 1 4 4 4 4
3 0 3 0 2 5 5 3 9 3 8 0 7 6 7
2 9 4 5 5 0 5 1 3 2 6 9 2 3 1
9 3 7 7 9 2 1 2 0 7 7 2 2 5 3
3 0 6 9 4 0 9 9 4 1 1 0 4 8 5
4 3 8 3 6 4 3 9 6 3 0 4 7 7 5
9 2 4 0 4 9 7 2 5 2 6 5 2 3 3
7 0 3 8 3 5 9 7 5 7 4 3 1 1 4
3 0 0 0 4 6 4 8 1 3 7 3 5 4 2
4 6 6 0 7 5 0 1 3 9 4 0 3 4 5
7 5 1 2 4 8 2 3 4 9 7 6 3 3 3
5 0 6 7 9 5 3 9 9 7 9 9 8 1 5
4 1 1 0 9 2 2 3 7 8 2 9 7 0 3
9 3 0 4 0 4 4 8 2 3 4 3 1 2 6
```

150777	329349	463587	714358
200258	334845	471355	769261
307928	352435	491106	842157
320497	362473	573476	844040
327399	411092	653190	939028

정답 163쪽

아래의 구조물을 만들기 위해 몇 개의 정육면체가 사용되었을까요? 보이지 않는 곳에도 정육면체가 존재하고, 오른쪽의 완벽한 6×6×6 정육면체 배열로 시작해 일부 정육면체들을 덜어냈다고 생각해보세요.

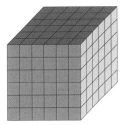

6×6×6 정육면체

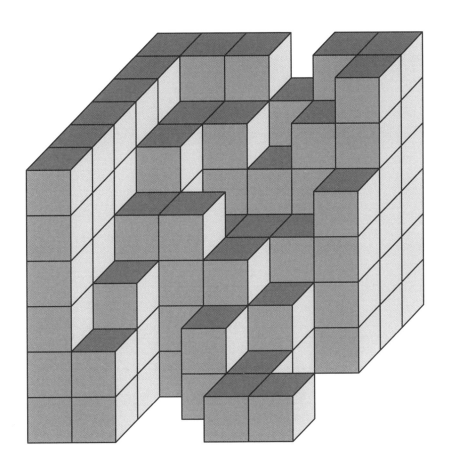

정답 163쪽

아래 글을 읽고 문제를 풀어보세요.

여러 개의 빵이 든 봉지가 있습니다. 알리, 버니스 그리고 콜린은 빵을 나눠 가지기로 했습니다.

• 빵의 3분의 2는 크루아상이다.

• 빵 6개는 초콜릿 트위스트이다.

• 나머지 빵은 모두 애플파이다.

모든 빵을 똑같이 나눠 가졌을 때, 세 사람은 애플파이를 정확히 한 개씩 얻습니다. 만약 모든 빵을 나눠 가지고 세 사람이 각자 같은 개수의 빵을 받게 된다면 크루아상은 몇 개를 갖게 될까요?

정답 _____

_____

_____

정답 163쪽

가로행, 세로열, 굵은 선으로 표시된 3×3 상자에서 같은 숫자가 두 번 이상 들어가지 않도록 각 네모칸에 1부터 9까지의 숫자를 넣습니다. 흰색 막대와 맞닿은 네모칸에는 2와 3 또는 8과 7 같은 연속된 숫자를 배치해야 합니다. 흰색 막대로 연결되지 않은 나머지 네모칸에는 연속된 숫자를 넣을 수 없습니다.

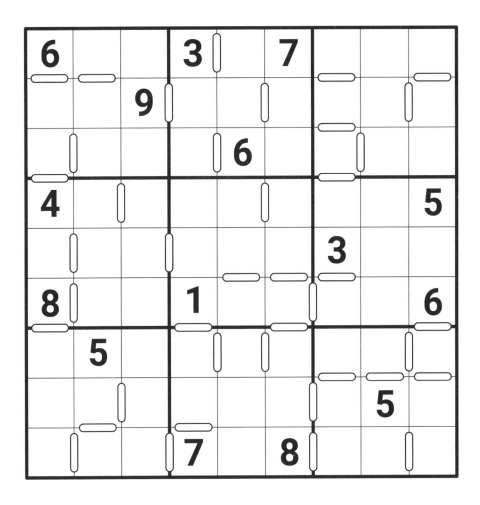

정답 163쪽

검은색 네모칸을 피해 모든 흰색 네모칸을 한 번만 지나가는 선을 그립니다. 선은 가로 또는 세
로로만 그려야 하며 하나로 이어집니다.

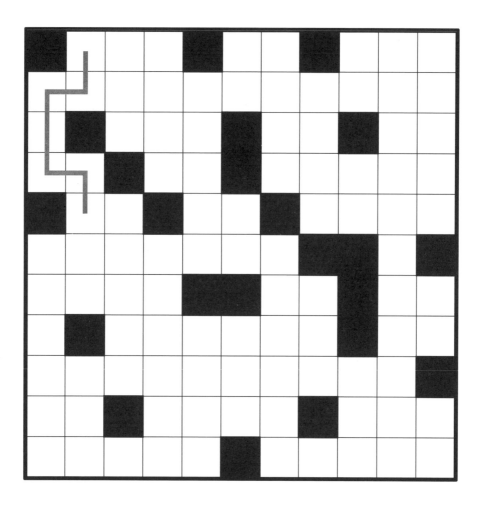

정답 163쪽

각 가로행과 세로열에 0과 1이 네 개씩 있도록 모든 빈 칸에 '0' 또는 '1'을 넣습니다. 가로행 또는 세로열을 따라 읽었을 때 같은 숫자가 세 번 이상 연속으로 올 수 없습니다.

	0	0			0		
			0				1
0	1			0		0	
			1		1	1	
	1	1		1			
	0		1			1	1
1				1			
		0				1	0

정답 163쪽

각 네모칸에 1부터 9까지의 숫자를 넣습니다. 이때 가로행, 세로열, 굵은 선으로 구분된 3×3 상자, 점선으로 묶인 칸 안에 같은 숫자가 두 번 들어가지 않도록 합니다. 점선으로 묶인 칸의 합은 왼쪽 상단에 주어진 값과 같습니다.

정답 164쪽

아래 네모칸에 표기된 0에서 6까지의 숫자를 둘씩 짝지어 28개의 도미노 패로 나눕니다. 도미노 패는 (0-0)…(0-6), (1-1)…(1-6), (2-2)…(2-6), (3-3)…(3-6), (4-4)…(4-6), (5-5), (5-6), (6-6) 총 28개이며, (6-0)과 (0-6)은 동일한 패로 칩니다. 오른쪽의 체크 차트를 사용해 도미노 패를 표시해보세요.

	0	1	2	3	4	5	6
6					○		
5		○					
4							
3			○				
2							
1							
0							

3	1	6	4	2	6	0	1
2	5	3	4	6	1	2	2
3	5	3	2	6	0	6	5
6	5	5	5	4	4	0	2
0	3	4	0	1	6	4	2
5	6	1	1	1	0	4	2
3	3	1	0	0	4	3	5

정답 164쪽

아래 글을 읽고 문제를 풀어보세요.

알린, 가이, 프레야라는 세 명의 선수가 있습니다. 선수들은 각기 다른 국가를 대표하고, 서로 다른 종목에서 경쟁하며, 경기에서 금메달, 은메달, 동메달 한 개씩을 획득했습니다.

- 은메달 수상자는 카약 종목에 출전했다.

- 알린은 캐나다를 대표했다.

- 금메달을 딴 선수는 호주를 대표했다.

- 가이는 마라톤 선수이다.

- 프랑스에서 온 선수는 동메달을 땄다.

- 가이는 호주를 대표하지 않았다.

- 프레야는 다이빙에 참가했다.

각 선수가 어떤 종목에서 어떤 메달을 땄으며, 어떤 나라를 대표하는지 맞춰보세요.

정답	종목	메달	국가
알린			
가이			
프레야			

정답 164쪽

아래쪽의 숫자 세트를 가로세로로 낱말풀이처럼 네모칸에 맞춰 넣어보세요.

3자릿수	332	653	8913	6자릿수
135	341	682	9341	145386
140	357	775		566618
158	364	883	5자릿수	608453
187	398		17502	825875
206	408	4자릿수	24998	
273	437	2876	30685	7자릿수
300	494	3631	53438	1851123
326	559	5118	58693	9428116
328	639	5264	62395	

정답 164쪽

점선을 따라 다양한 크기의 정사각형을 그립니다. 모든 영역을 사용해야 하며, 각 정사각형 안에는 하나의 원만 있어야 합니다.

정답 164쪽

일부 점끼리 연결하여 하나의 선을 만듭니다. 각 숫자는 숫자를 둘러싼 선분 개수를 의미합니다. 점은 가로나 세로로만 연결할 수 있고, 각각의 점은 한 번만 지나갈 수 있습니다.

```
3       0       2   2   2   3
3   1   1   2   2       3   2           0
    2       3               1   3
1   2   1       1   3           3
    2   3   3       2   1       1   0
1   2       1   1       2   2   1
        3       2   3       2   3   1
        2   2           1       2
0       2   2       3   2   2   0   0
    3   2   3   3       3       0
```

정답 164쪽

빈 칸에 1부터 6까지의 숫자를 넣어 2×3 네모와 6×6 네모를 채워보세요. 2×3, 6×6 네모를 채울 때 각각의 가로행과 세로열에서 같은 숫자가 두 번 이상 들어가지 않도록 해야 합니다.

정답 165쪽

빈 칸에 흰색 또는 검은색 원을 그려 넣습니다. 같은 색깔의 원끼리는 가로 또는 세로로 서로 연결되어 있습니다. 하나의 고리로 연결된 것은 아니며, 나뭇가지처럼 뻗어나가듯이 연결되어 있습니다. 검은색 원을 따라 가다 보면 모든 검은색 원을 만나고, 반대로 흰색 원을 따라 가다 보면 모든 흰색 원을 만날 수 있습니다. 단, 같은 색깔의 원이 2×2로 있을 수는 없습니다.

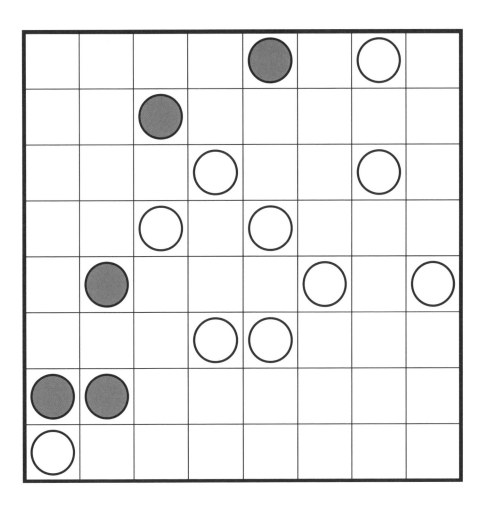

정답 165쪽

A에서 G까지의 문자를 빈 칸에 넣습니다. 이때 가로행, 세로열, 굵은 선 직소 퍼즐 모양 안에서 문자가 반복되지 않도록 합니다.

정답 165쪽

네모칸에 숫자를 적어 피라미드를 완성하세요. 각 네모칸은 바로 아래에 있는 두 네모칸의 합을 나타냅니다. 한 줄에 동일한 숫자가 여러 번 나올 수 있습니다.

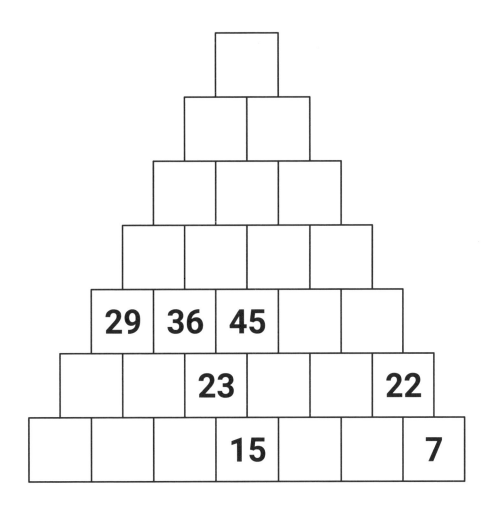

모든 점을 연결하여 하나로 이어보세요. 점의 일부는 이미 연결되어 있습니다. 점과 점은 가로 또는 세로로만 연결할 수 있고 어떠한 선도 교차하거나 맞닿을 수 없습니다.

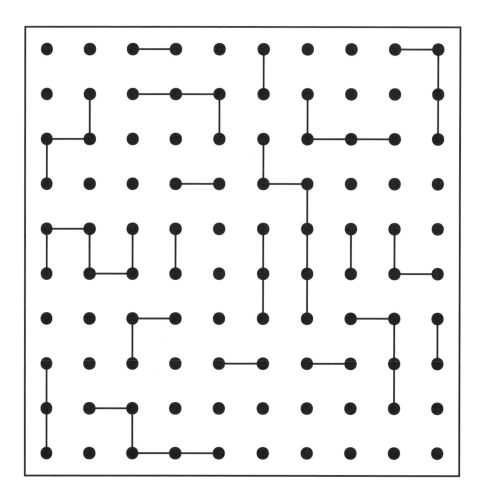

정답 165쪽

A에서 H까지의 문자를 빈 칸에 넣습니다. 각 가로행이나 세로열에 반복되는 문자가 올 수 없습니다. 또한 동일한 문자가 대각선으로 맞닿은 칸에는 올 수 없습니다.

	A	H			G	B	
B	D					A	F
A							H
		E	H				
		B	A				
E							G
F	G					D	C
	H	F			C	E	

정답 165쪽

아래 글을 읽고 문제를 풀어보세요.

안나는 주사위를 여섯 번 굴립니다.

- 첫 번째 숫자는 짝수이다.

- 두 번째 숫자는 홀수이다.

- 첫 번째 숫자와 두 번째 숫자를 곱한 수는 세 번째로 나온 숫자와 같다.

- 네 번째 숫자는 첫 번째로 나온 숫자의 두 배이다.

- 다섯 번째 숫자는 홀수다.

- 여섯 번째 숫자는 짝수다.

- 다섯 번째 숫자와 여섯 번째 숫자를 곱한 수는 세 번째 숫자와 네 번째 숫자의

  합과 같다.

- 딱 한 숫자만 두 번 나왔다.

첫 번째부터 여섯 번째까지, 주사위를 굴렸을 때 어떤 숫자들이 나왔을까요?

정답 1차: _____   2차: _____   3차: _____

4차: _____   5차: _____   6차: _____

부등호 표시를 준수하면서 각 가로행과 세로열에 1에서 7까지의 숫자를 각각 한 번씩 넣어보세요.

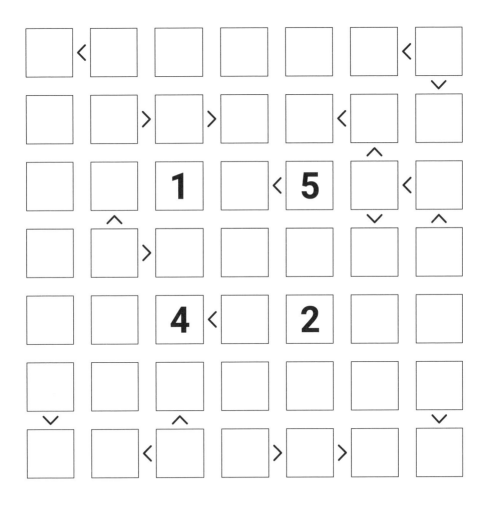

정답 166쪽

모든 네모칸을 지나가는 하나의 선을 그립니다. 선은 가로 또는 세로로만 그려야 하며, 한 네모칸에 두 번 이상 지나갈 수 없습니다. 또한 선은 굵은 선으로 구분된 각 영역을 한 번씩만 드나들 수 있습니다.

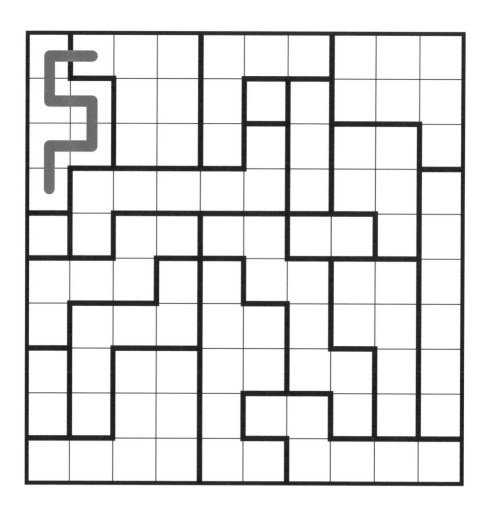

정답 166쪽

굵은 선으로 구분된 모든 영역에 원과 삼각형을 하나씩 그려 넣습니다. 같은 도형끼리는 서로 맞닿아 있을 수 없으며, 대각선 방향으로도 놓을 수 없습니다.

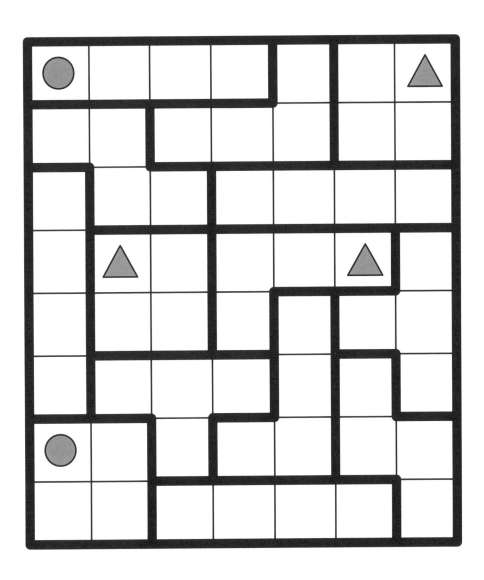

정답 166쪽

모든 네모칸에 1에서 25까지의 수를 정확히 한 번만 넣을 수 있습니다. 네모칸 안에 있는 화살표는 그 칸에 있는 수보다 하나 큰 수가 있는 방향을 가리킵니다.

예를 들어 네모칸에 1➡ 이렇게 써있다면 같은 행의 오른쪽에 있는 네모칸 중에 '1'보다 하나 큰, '2'가 있어야 한다는 뜻입니다. 만약 화살표가 ⬇아래 방향으로 되어 있다면 같은 열 아래쪽에 있는 네모칸 중에 '2'가 있어야 합니다.

1 ↓	↓	↓	←	↓
→	21 →	22 ←	←	24 ↓
→	↑	↓	←	8 ←
→	←	→	↑	↑
→	→	←	↑	25

정답 166쪽

원을 가로 또는 세로 선으로 연결합니다. 각 원에 쓰인 숫자만큼 선을 연결하고, 원과 원을 연결하는 직선은 최대 2개까지만 가능합니다. 또한 선은 교차할 수 없으며 완성하면 모든 원은 연결되어 있습니다.

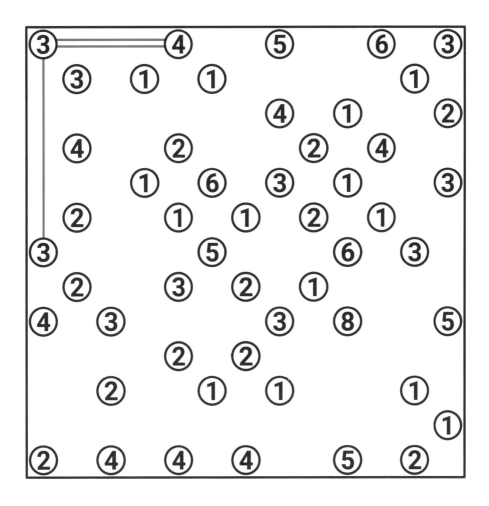

빈 네모칸에 'X' 또는 'O'를 채워 넣습니다. 단, 대각선을 포함한 어떤 방향으로도 4개 이상의 'X' 또는 'O'가 연속으로 올 수 없습니다.

O	X	O		O	O	X	X
	X						O
O	O		X	X		O	O
			X			X	
		O		X	X	X	
	X				X	X	
O	X		O		X		O
O		X	X			O	O

정답 167쪽

가로행과 세로열에 1에서 7까지 숫자를 각각 한 번씩 넣습니다. 사각형 바깥쪽에 쓰인 숫자는 해당 가로행 또는 세로열에서 바라 봤을 때 '보이는' 숫자의 개수입니다. 예를 들어 키 순으로 번호를 매긴 다섯 사람을 2-1-4-3-5 순서로 세웠을 때 왼쪽에서 바라보면 2, 4, 5번 총 세 명의 사람이 보이고 오른쪽에서 바라보면 5번 사람 한 명이 보입니다.

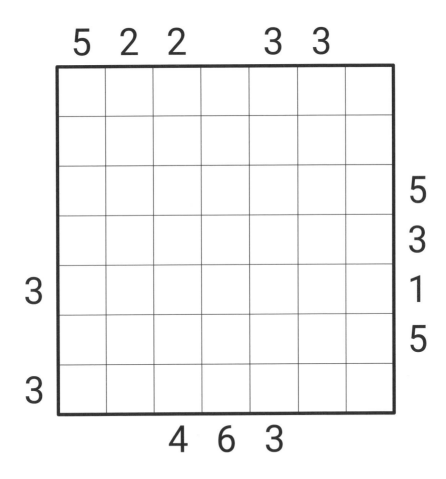

정답 167쪽

001

5	7	2	4	6	9	3	1	8
4	1	3	2	8	5	6	9	7
6	9	8	1	3	7	5	4	2
9	8	6	5	2	1	4	7	3
7	2	4	3	9	6	1	8	5
1	3	5	7	4	8	9	2	6
8	6	1	9	5	2	7	3	4
2	4	7	6	1	3	8	5	9
3	5	9	8	7	4	2	6	1

002

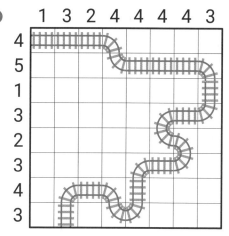

003

78	128	76
117	192	38
39	144	152
214	36	103
107	18	129
149	181	21
59	26	108

004

005

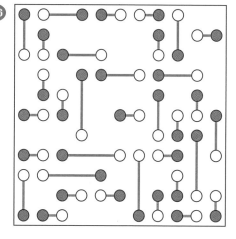

006

○ 정답 ○

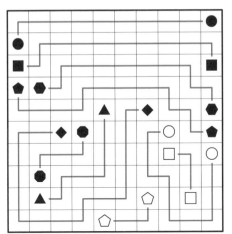

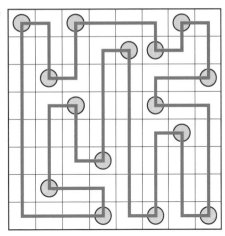

009

3	0	3	9	6	5	7	1	6	9	0	3	6	5	5
0	0	0	9	6	5	8	7	6	7	3	4	0	3	0	5
4	2	4	6	5	5	3	9	0	4	2	0	0	3	0
3	4	4	6	3	3	5	4	5	0	4	7	2	0	3
4	3	2	1	0	1	3	6	3	3	8	0	2	1	5
0	1	3	4	9	8	7	8	2	7	3	1	1	1	5
8	3	1	4	8	2	7	3	1	5	9	3	0	5	1
5	2	8	7	5	3	9	2	5	2	9	6	5	5
0	4	5	2	7	9	1	1	0	0	7	8	1	4
0	8	8	2	4	3	4	5	5	8	3	2
1	8	7	6	5	0	1	6	0	6	5	9	2	2
5	4	9	7	5	6	1	0	7	1	5	0	9	2	0
7	9	4	7	5	0	4	9	4	7	3	6	8	0	0
0	4	7	5	2	9	4	0	8	6	6	2	6	3	7
8	4	7	3	6	0	8	1	1	0	7	3	2	3	2

010 총 30개

011 양 28마리, 오리 12마리

012

7	1	5	4	6	3	8	9	2
2	8	4	9	7	1	5	3	6
9	3	6	2	8	5	7	1	4
1	5	2	8	3	9	6	4	7
8	6	9	7	1	4	3	2	5
3	4	7	6	5	2	1	8	9
6	2	1	5	4	8	9	7	3
5	9	3	1	2	7	4	6	8
4	7	8	3	9	6	2	5	1

∘ 정답 ∘

013

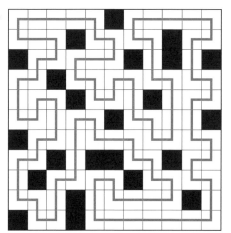

014

0	0	1	0	1	0	1	1
0	0	1	0	1	0	1	1
1	1	0	1	0	1	0	0
0	1	0	1	0	1	1	0
1	0	1	0	1	0	0	1
0	1	0	1	1	0	1	0
1	1	0	1	0	1	0	0
1	0	1	0	0	1	0	1

015

9	7	5	6	1	4	3	2	8
3	4	6	2	5	8	9	1	7
1	2	8	3	7	9	6	4	5
4	1	9	7	2	3	5	8	6
5	3	7	8	6	1	2	9	4
6	8	2	9	4	5	7	3	1
8	5	3	4	9	7	1	6	2
7	6	4	1	3	2	8	5	9
2	9	1	5	8	6	4	7	3

016

4	1	1	5	1	4	3	4
4	3	4	1	1	5	0	2
0	4	1	2	3	2	3	3
4	6	5	2	1	5	0	6
6	0	0	2	6	5	2	3
2	3	5	5	6	6	0	1
6	0	2	4	5	0	3	6

017

	텐트	캠핑 장비	요리
샘	파란색	냄비, 프라이팬	연어
마사	초록색	테이블, 의자	토스트, 콩 요리
애런	빨간색	캠핑용 난로	캐서롤

018

6		1		9		1		7		8
1	3	9	9	7	0		9	8	7	6	9
	5		5		8	9	9		7		7
6	6	7	7	8	1		1	6	2	5	3
3			9			7		4		8
6	5	1	7	7	8		7	4	3	3	4
8			5			7	6			9
7	2	1	0	4		6	6	9	5	1	3
4		0		8			8			9
5	9	7	3	7		5	2	9	9	7	4
7		6		2	4	5		8		0
8	9	4	3	4		7	1	4	5	1	0
6		1		1		9		7		7

○ 정답 ○

019

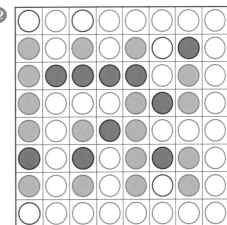

020

0		1		2	3	2	2	3
0	0	1		1		1	3	3
0			2		3		1		2
0		0	0	2		3		3	3
1		0		3		3		2	1
3	1		2		2		2		2
2	2		3		2	1	3		2
1		2		3		3			1
1		2	3		1		1	0	2
3	3	2	2	2		3		3

021

Grid 1:
2	3	5	4	6	1
6	5	1	3	4	2
4	1	6	2	3	5
1	2	4	6	5	3
5	4	3	1	2	6
3	6	2	5	1	4

Grid 2:
1	2
5	4
6	3

Grid 3:
1	4	6	2	3	5	1	4
6	3	4	5	2	1	6	3
5	2	3	1	4	6	5	2

Grid 4:
5	4	6	2	3	1
1	3	5	4	2	6
2	6	1	3	4	5

022

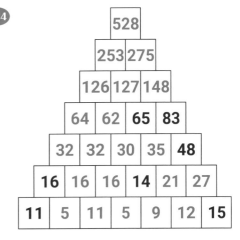

023

G	A	D	F	E	C	B
E	C	G	B	F	A	D
F	D	B	A	C	E	G
C	G	E	D	B	F	A
D	B	F	E	A	G	C
A	E	C	G	D	B	F
B	F	A	C	G	D	E

024

			528			
		253	275			
	126	127	148			
64	62	65	83			
32	32	30	35	48		
16	16	16	14	21	27	
11	5	11	5	9	12	15

◦ 정답 ◦

025
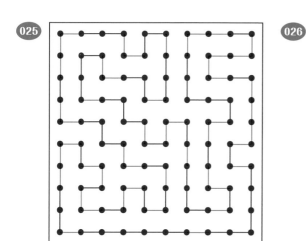

026

F	E	B	D	C	H	A	G
D	H	A	G	E	F	B	C
E	B	D	C	A	G	H	F
C	G	F	B	H	D	E	A
A	D	H	E	F	C	G	B
H	F	C	A	G	B	D	E
B	A	G	F	D	E	C	H
G	C	E	H	B	A	F	D

027
60=25+14+21
79=22+39+18
86=25+35+26

028

029
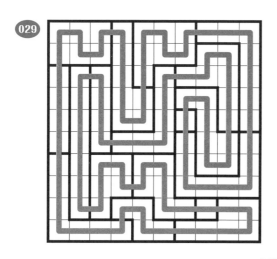

030
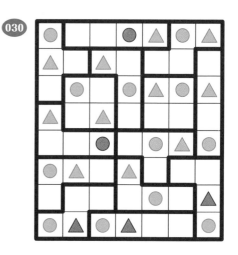

° 정답 °

031

1 →	2 ↓	5 ↓	9 ↓	8 ←
16 →	18 →	19 ↓	11 ↓	17 ←
22 →	23 →	20 →	21 ←	24 ↓
14 ↓	13 ←	6 →	12 ←	7 ↑
15 ↑	3 →	4 ↑	10 ↑	25

032

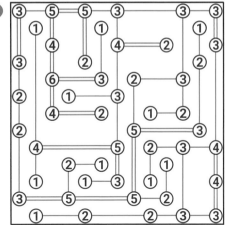

033

○	○	✕	✕	○	✕	✕	○
✕	✕	○	○	✕	✕	○	✕
○	✕	✕	✕	○	○	✕	○
✕	○	✕	○	✕	○	○	✕
○	✕	✕	○	○	✕	✕	✕
✕	✕	○	✕	✕	○	○	✕
✕	○	○	✕	✕	○	✕	○
✕	✕	○	○	✕	○	✕	○

034

	3				
2	4	2	3	1	5	1
	2	1	5	3	4	
4	1	3	4	5	2	
	3	5	2	4	1	3
	5	4	1	2	3	
		4		3		

035

2	8	1	7	4	6	5	3	9
4	5	6	3	2	9	1	7	8
7	9	3	1	8	5	6	2	4
1	2	7	4	6	8	9	5	3
9	6	4	5	3	2	8	1	7
8	3	5	9	1	7	2	4	6
3	7	9	6	5	1	4	8	2
6	1	8	2	7	4	3	9	5
5	4	2	8	9	3	7	6	1

036

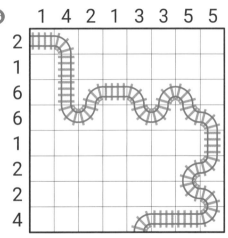

○ 정답 ○

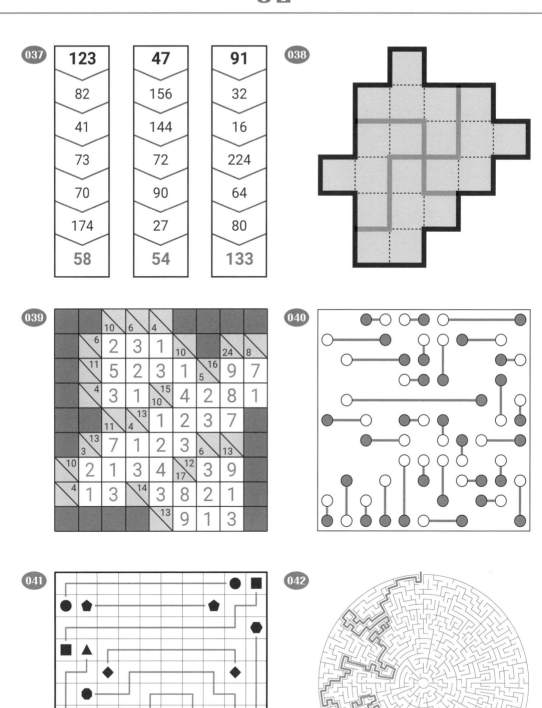

043 총 23개

044
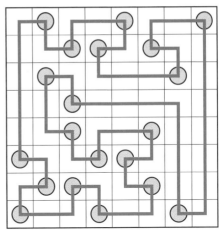

045

```
1 (5 3 9 4 4 8) 0 0 5 3 (8) 3 1 1
6 6 3 7 0 (9 5) 9 1 6 7 (1) 8 4 6
6 4 7 0 6 0 (2) 4 4 9 2 4 7 (5) 7
(7) 1 1 4 0 8 0 4 2 0 5 4 7 0 9
6 7 6 0 0 (4) 1 0 2 2 5 1 (8) 4 0
7 7 (8) 2 9 1 (5) 8 4 5 4 (7) 5 1 (6)
0 (6) 3 0 3 (9 1 5 8 6) 3 8 7 6 0
7 (1 9 4 5 3 1 2 0) 5 0 3 0 0 7
1 5 3 8 0 4 2 0 2 3 (6) 7 3 (2)
1 5 (4) 4 7 4 0 4 1 1 3 1 5 1 (9)
1 (6 2) 3 0 4 7 8 2 0 6 0 4 0 0
9 5 (7) 9 4 0 9 (6 7 5 7) (1) 5 7 0
7 4 9 (8 8) 3 4 5 4 1 1 8 5 4 0
2 8 8 8 1 5 5 6 5 1 0 9 0 8 (4)
(6 1 8 4 0 0) 0 (3 3 1 4 2 3) 4 7
```

046 총 58개

047 다 만들 수 없다. 원래 하루에 3개씩 60개의 컵케이크를 만들려면 20일이 필요하다. 전체의 3분의 2는 40인데 지금까지 하루에 컵케이크를 2개씩 만들었다면 이미 20일이 지났고 오늘이 결혼식 날이다.

048

9	6	7	5	2	4	1	3	8
1	4	8	3	9	7	5	6	2
3	5	2	1	6	8	9	7	4
4	1	3	2	5	6	8	9	7
8	7	6	9	4	1	3	2	5
2	9	5	7	8	3	6	4	1
6	2	1	4	3	5	7	8	9
5	8	4	6	7	9	2	1	3
7	3	9	8	1	2	4	5	6

○ 정답 ○

049
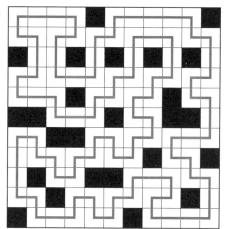

050

1	0	0	1	0	0	1	1
0	0	1	0	1	1	0	1
0	1	1	0	0	1	1	0
1	0	0	1	1	0	1	0
0	1	1	0	1	0	0	1
0	0	1	1	0	1	1	0
1	1	0	1	0	1	0	0
1	1	0	0	1	0	0	1

051

8	5	3	2	7	9	6	1	4
6	7	2	1	5	4	9	8	3
9	4	1	3	6	8	7	2	5
2	9	4	7	3	6	8	5	1
1	6	8	9	2	5	3	4	7
7	3	5	4	8	1	2	9	6
5	2	6	8	4	7	1	3	9
3	1	7	5	9	2	4	6	8
4	8	9	6	1	3	5	7	2

052

6	3	5	1	2	1	3	2
4	1	1	6	6	3	3	5
5	3	4	2	4	0	3	0
1	0	0	1	6	2	3	3
5	4	4	2	2	6	6	5
5	4	1	6	6	0	1	0
0	4	2	0	2	4	5	5

017

	번지 수	정원 크기	꽃 종류
데이브	17	중	장미
벡스	4	대	해바라기
로라	2	소	제라늄

054

5	7	8	8	7	8		4		4	2	5
	6		6		6	5	8	1	9		1
2	0	5	0	9	9	4		8	9	7	
	4			0		4	1	6		2	
7	1	9	8	2	7	4		3	7	1	2	7
8		5		5	3			8		3	
6	1	3	0	8		5	6	7	6	3	3
	8			6	7		7	0		6	
6	8	3	4	2		3	7	2	9	2	4	5
	8			6	8	9		8		3	
9	5	6		5		7	3	6	4	7	7	2
6		5	5	2	1			5		3	8
5	9	5		5		9	7	8	0	7	9

055

056

	0			3	3	3	2		1
		1	2		2			2	3
	1		1	2		2	1	1	1
0	0	2	2	3		3	1	1	
	1		1		1	1	3		3
3		1	0	1		0			1
	2	2	2		3	1	0	0	3
3	2	2	2		2	1		2	
1	2			1		3	3		
3		3	3	3	2			0	

057

6	1	2	5	4	3		
5	3	6	4	2	1		
4	2	3	1	5	6		
2	5	1	3	6	4	2	5
1	4	5	6	3	2	4	1
3	6	4	2	1	5	6	3
	6	5	2	3	1	4	5	6
	3	1	4	6	5	2	3	1
	2	4	5	1	3	6	4	2
		1	2	4	5	6	3
		6	5	2	3	1	4
		3	4	6	1	2	5

058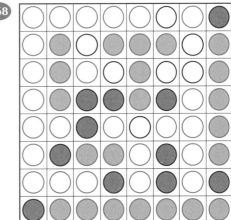

059

E	B	C	G	F	D	A
C	D	E	B	A	G	F
A	G	F	D	B	C	E
G	F	D	A	C	E	B
F	A	G	C	E	B	D
D	E	B	F	G	A	C
B	C	A	E	D	F	G

060

			637			
		328	309			
	170	158	151			
	89	81	77	74		
	46	43	38	39	35	
22	24	19	19	20	15	
11	11	13	6	13	7	8

◦ 정답 ◦

061

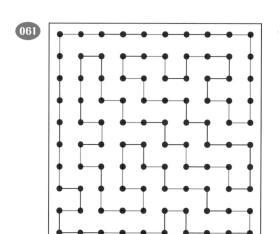

062

F	D	A	H	G	B	E	C
H	B	G	E	F	C	D	A
E	C	D	A	B	H	G	F
G	F	B	C	D	E	A	H
C	H	E	G	A	F	B	D
B	A	C	F	E	D	H	G
D	G	H	B	C	A	F	E
A	E	F	D	H	G	C	B

063
56=31+13+12
70=31+25+14
78=31+25+22

064 4리터 단위 통을 가득 채운 다음 9리터 통에 두 번 부어 1리터 공간을 남겨둔다. 그리고 나서 다시 4리터 통을 세 번째로 채우고 9리터 통에 부어 나머지 1리터를 채운다. 그러면 정확히 4리터 통에 페인트 3리터가 남게 된다.

065

3	1	6	2	5 >	4
6	5	2	4	1	3
2	4	3	1	6	5
4	2	1	5	3	6
5	3	4 <	6	2 >	1
1	6	5	3	4	2

066

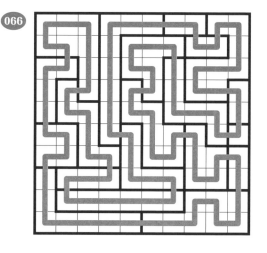

∘ 정답 ∘

067
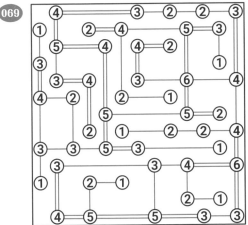

068

1	21	3	18	2
➡	⬇	⬇	⬇	⬅
8	22	6	23	7
⬇	➡	➡	⬇	⬅
9	10	4	17	16
➡	⬇	⬇	⬆	⬅
13	20	14	19	15
➡	⬆	➡	⬅	⬆
12	11	5	24	25
⬆	⬅	⬆	➡	

069

070

×	×	○	○	○	×	×	×
○	○	×	×	×	○	×	○
○	×	○	○	○	×	×	×
×	×	○	×	○	×	○	×
×	○	×	×	○	×	○	×
×	○	×	○	×	×	×	○
○	○	○	×	×	○	×	○
×	×	×	○	×	×	×	○

071

	1					
	6	5	3	2	1	4	3
4	2	3	1	5	4	6
	3	2	4	1	6	5	2
	1	6	5	4	3	2	5
2	5	4	6	3	2	1	4
	4	1	2	6	5	3	3
	3	3				

072

9	4	3	1	7	2	5	8	6
5	1	8	6	4	3	7	2	9
6	2	7	9	8	5	3	1	4
8	9	5	2	3	1	4	6	7
7	6	1	5	9	4	2	3	8
4	3	2	7	6	8	9	5	1
1	8	4	3	5	7	6	9	2
2	5	6	4	1	9	8	7	3
3	7	9	8	2	6	1	4	5

◦ 정답 ◦

073

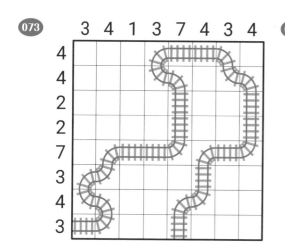

074

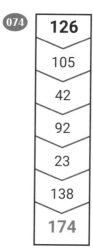

126	94	48
105	162	24
42	107	240
92	234	223
23	78	228
138	39	98
174	156	147

075

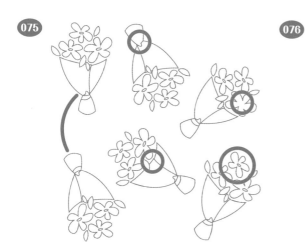

076

077

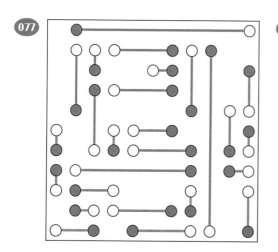

078

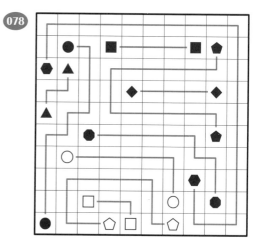

○ 정답 ○

079
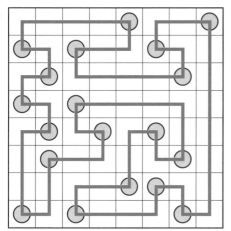

080

6	9	7	4	3	0	1	2	2	0	3	9	7	1	1
8	8	2	8	8	5	1	1	4	5	0	0	9	0	6
0	1	8	7	7	0	2	9	7	1	3	5	5	5	2
7	3	0	1	3	7	8	1	3	1	0	4	9	0	3
1	0	5	1	2	6	0	7	8	1	5	0	3	0	4
1	5	3	8	0	0	7	4	1	2	8	3	9	5	
9	5	2	0	1	3	1	7	0	5	7	5	5	1	9
2	9	5	3	4	0	1	0	9	7	8	1	3	9	
1	3	9	5	8	9	4	9	1	7	4	2	0	9	9
2	3	1	1	4	8	6	4	1	9	3	5	9	0	
7	1	3	0	3	4	1	4	2	8	2	5	0	8	
3	1	7	1	6	9	5	4	7	3	8	5	8	0	
0	9	7	6	2	4	0	9	2	5	4	0	9	3	
3	3	1	1	3	2	3	0	9	5	3	9	3	8	6
0	1	1	6	4	7	1	4	9	7	5	0	6	9	7

081 총 55개

082

7	6	5	1	3	2	9	4	8
8	9	2	6	5	4	7	3	1
1	4	3	8	7	9	6	2	5
2	8	9	5	4	6	1	7	3
5	1	4	3	9	7	8	6	2
6	3	7	2	1	8	5	9	4
3	2	6	7	8	1	4	5	9
4	5	1	9	6	3	2	8	7
9	7	8	4	2	5	3	1	6

083
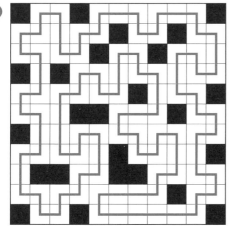

084

0	0	1	0	1	0	1	1
0	0	1	0	1	0	1	1
1	1	0	1	0	1	0	0
0	0	1	1	0	1	1	0
1	1	0	0	1	0	0	1
0	0	1	1	0	0	1	1
1	1	0	0	1	1	0	0
1	1	0	1	0	1	0	0

085

5	9	2	7	8	6	4	3	1
1	3	8	4	9	5	2	6	7
4	6	7	5	2	1	3	8	9
8	7	3	9	6	4	1	5	2
2	1	6	8	5	7	9	4	3
9	4	5	1	3	2	7	8	6
7	5	9	6	4	1	3	2	8
3	2	4	5	7	8	6	1	9
6	8	1	3	2	9	5	7	4

086

3	5	0	2	5	1	6	2
4	6	4	0	5	2	2	5
4	1	1	4	0	6	2	4
3	2	0	0	3	3	0	6
4	4	1	5	1	3	4	1
3	5	0	6	5	3	6	6
6	2	1	2	0	3	5	1

087

	도시	교통수단	도착 순서
라나	헬싱키	배	1
에릭	마르세유	기차	3
헬렌	베를린	비행기	2

088

089

090

◦ 정답 ◦

091

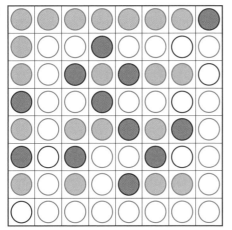

092

E	A	F	D	G	C	B
A	E	B	C	D	F	G
F	D	G	E	A	B	C
D	C	A	B	E	G	F
G	B	D	F	C	A	E
C	F	E	G	B	D	A
B	G	C	A	F	E	D

093

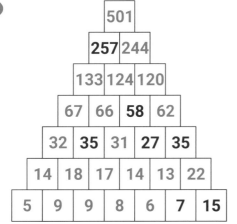

094

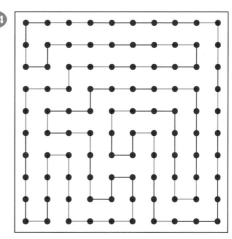

095

C	F	H	E	G	B	D	A
G	E	A	C	D	H	F	B
D	C	F	H	B	A	E	G
E	B	D	A	F	G	C	H
H	G	C	B	E	D	A	F
B	A	E	G	C	F	H	D
F	H	B	D	A	E	G	C
A	D	G	F	H	C	B	E

096

44=14+9+21
55=27+18+10
63=34+16+13

∘ 정답 ∘

097 2월 17일

098

099
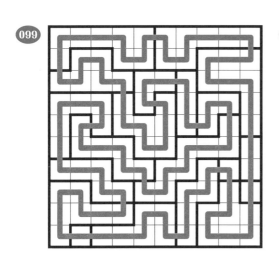

100
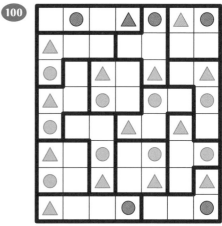

101
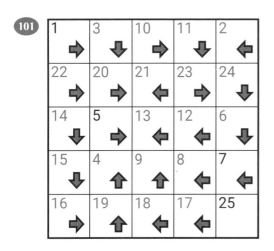

102
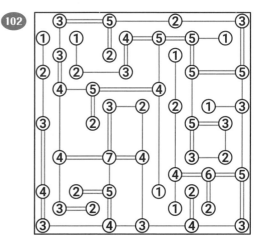

103

✕	✕	✕	○	○	○	✕	○
✕	○	○	○	✕	○	✕	✕
○	○	○	✕	○	✕	✕	✕
✕	✕	○	○	✕	○	○	✕
○	✕	✕	○	✕	○	✕	○
✕	✕	○	✕	✕	○	✕	✕
✕	○	○	✕	○	✕	○	○
✕	✕	○	✕	✕	✕	○	✕

104

	5					
	6	5	1	2	3	4	3
4	1	3	2	5	4	6	
	5	6	3	4	2	1	4
	2	1	4	3	6	5	
	4	2	6	1	5	3	
	3	4	5	6	1	2	2
	4				3	4	

105

6	3	**4**	7	5	2	**9**	8	1
1	5	**8**	**4**	9	**3**	**6**	7	2
2	**7**	9	1	6	8	3	**5**	**4**
7	**8**	1	3	**4**	5	2	**6**	9
9	2	5	**6**	**7**	**1**	8	4	3
4	**6**	3	2	**8**	9	5	**1**	7
3	**1**	6	8	2	7	4	**9**	**5**
8	9	**2**	5	1	**4**	**7**	3	6
5	4	**7**	9	3	6	**1**	2	8

106

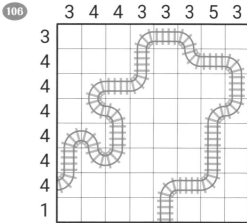

107

82	27	79
136	71	189
17	69	63
80	23	18
36	184	144
216	138	36
54	207	72

108

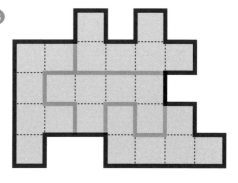

109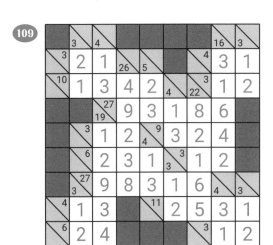

110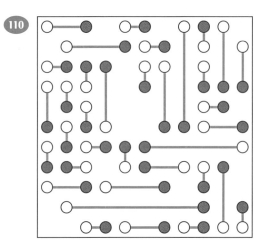

111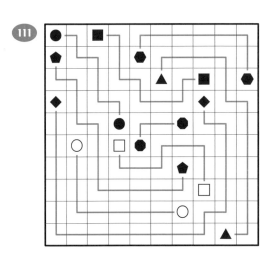

112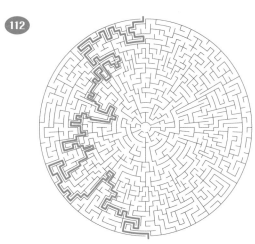

113 총 39개

114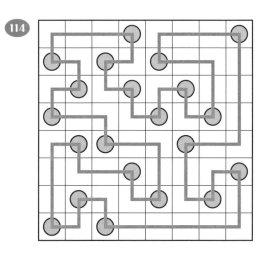

115

8	3	5	0	2	3	8	7	8	6	5	3	1	9	0
2	6	7	7	1	4	3	5	8	4	1	4	4	4	4
3	0	3	0	2	5	5	3	9	3	8	0	7	6	7
2	9	4	5	5	0	5	1	3	2	6	9	2	3	1
9	3	7	7	9	2	1	2	0	7	7	2	2	5	3
3	0	6	9	4	0	9	9	4	1	1	0	4	8	5
4	3	8	3	6	4	3	9	6	3	0	4	7	7	5
9	2	4	0	4	9	7	2	5	2	6	5	2	3	3
7	0	3	8	3	5	9	7	5	7	4	3	1	1	4
3	0	0	0	4	2	4	8	1	3	7	3	5	4	2
4	6	6	0	7	5	0	1	3	9	4	0	3	4	5
7	5	1	2	4	8	2	3	4	9	7	6	3	3	3
5	0	6	7	9	5	3	9	9	7	9	9	8	1	5
4	1	1	0	9	2	2	3	7	8	2	9	7	0	3
9	3	0	4	0	4	4	8	2	3	4	3	1	2	6

116 총 131개

117 각각 6개의 크루아상을 가질 수 있다.
총 27개의 빵이 있다.
크루아상 18개, 초콜릿 트위스트 6개,
애플파이 3개.

118

6	8	1	3	4	7	5	9	2
5	7	9	8	1	2	6	4	3
3	4	2	5	6	9	7	8	1
4	6	7	9	2	3	8	1	5
2	1	5	4	8	6	3	7	9
8	9	3	1	7	5	4	2	6
9	5	8	2	3	4	1	6	7
7	3	4	6	9	1	2	5	8
1	2	6	7	5	8	9	3	4

119

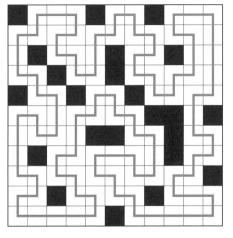

120

1	0	0	1	1	0	1	0
0	0	1	0	1	0	1	1
0	1	1	0	0	1	0	1
1	0	0	1	0	1	1	0
0	1	1	0	1	0	0	1
0	0	1	1	0	0	1	1
1	1	0	0	1	1	0	0
1	1	0	1	0	1	0	0

121

8	5	7	6	2	3	9	4	1
3	2	9	4	1	8	5	7	6
4	6	1	9	7	5	3	2	8
6	7	2	8	9	1	4	3	5
1	4	8	5	3	2	6	9	7
9	3	5	7	6	4	8	1	2
2	8	3	1	5	9	7	6	4
5	1	6	3	4	7	2	8	9
7	9	4	2	8	6	1	5	3

122

3	1	6	4	2	6	0	1
2	5	3	4	6	1	2	2
3	5	3	2	6	0	6	5
6	5	5	5	4	4	0	2
0	3	4	0	1	6	4	2
5	6	1	1	1	0	4	2
3	3	1	0	0	4	3	5

123

	종목	메달	국가
알린	카약	은	캐나다
가이	마라톤	동	프랑스
프레야	다이빙	금	호주

124

5		3	6	4		1	8	5	1	1	2	3
3		5	9		5		1	3		3		
4	3	7		4	0	8		1	7	5	0	2
3							1	8	7			
8	2	5	8	7	5		4		5	2	6	4
	4		8		6		5			2		
8	9	1	3		6	5	3		3	6	3	1
9					6		8		2	9		
2	8	7	6		1		6	0	8	4	5	3
			3	9	8					0		
5	8	6	9	3		2	7	3		3	2	6
5		8		4		0		4		0		8
9	4	2	8	1	1	6		1	4	0		5

125

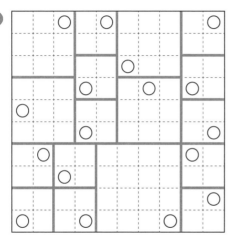

126

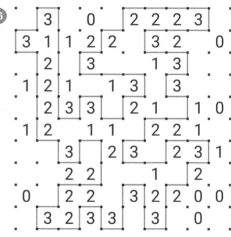

∘ 정답 ∘

127

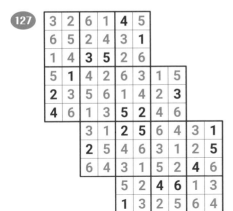

3	2	6	1	**4**	5
6	5	2	4	3	**1**
1	4	**3**	**5**	2	6
5	**1**	4	2	6	3	1	5
2	3	5	6	1	4	2	**3**
4	6	1	3	**5**	**2**	4	6

3	1	**2**	**5**	6	4	3	**1**
2	5	4	6	3	1	2	5
6	4	3	1	5	2	**4**	6
		5	2	**4**	**6**	1	3
		1	3	2	5	6	4
		6	**4**	1	3	5	2

128

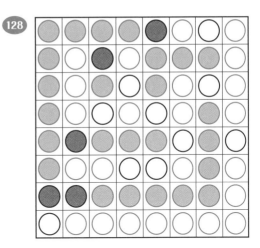

129

F	G	D	A	B	E	C
A	C	G	E	D	F	B
B	E	C	G	F	D	A
E	D	F	B	C	A	G
D	A	E	C	G	B	F
C	B	A	F	E	G	D
G	F	B	D	A	C	E

130

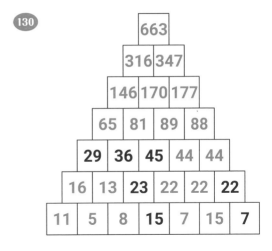

			663			
		316	347			
	146	170	177			
	65	81	89	88		
29	**36**	**45**	44	44		
16	13	**23**	22	22	**22**	
11	5	8	**15**	7	15	**7**

131

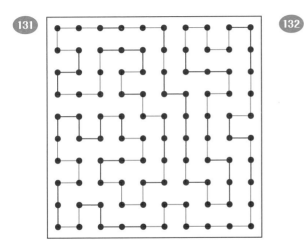

132

C	A	H	D	F	G	B	E
B	D	C	G	E	H	A	F
A	E	B	F	C	D	G	H
G	C	D	E	H	B	F	A
H	F	G	B	A	E	C	D
E	B	A	C	D	F	H	G
F	G	E	H	B	A	D	C
D	H	F	A	G	C	E	B

◦ 정답 ◦

133
1차: 2
2차: 3
3차: 6
4차: 4
5차: 5
6차: 2

134

1 < 5	7	6	4	2 < 3
5	7 > 6 > 4	1 < 3	2
7	2	1	3 < 5	4 < 6
4	6 > 5	2	3	1	7
6	3	4 < 5	2	7	1
3	4	2	1	7	6	5
2	1 < 3	7 > 6 > 5	4

135

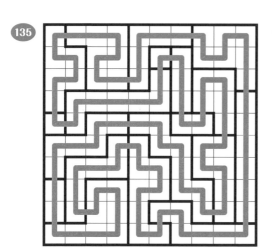

136

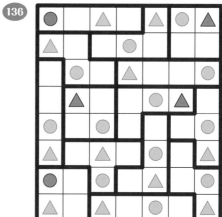

137

1 ⬇	10 ⬇	15 ⬇	14 ⬅	7 ⬇
23 ➡	21 ➡	22 ⬅	20 ⬅	24 ⬇
2 ➡	9 ⬆	4 ⬇	3 ⬅	8 ⬅
12 ➡	11 ⬅	5 ➡	13 ⬆	6 ⬆
17 ➡	18 ➡	16 ⬅	19 ⬆	25

138

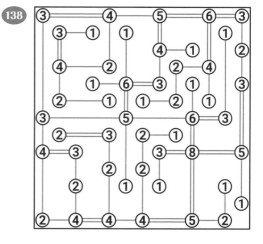

166

° 정답 °

139

O	X	O	X	O	O	X	X
X	X	X	O	O	O	X	O
O	O	O	X	X	X	O	O
O	X	X	X	O	O	X	X
X	O	O	O	X	X	X	O
O	X	X	X	O	X	X	X
O	X	O	O	O	X	O	O
O	O	X	X	X	O	O	O

140

	5	2	2		3	3	
	1	3	6	7	2	5	4
	3	2	7	4	6	1	5
	4	7	5	6	3	2	1	5
	6	1	4	5	7	3	2	3
3	5	4	2	3	1	6	7	1
	7	6	1	2	5	4	3	5
3	2	5	3	1	4	7	6
				4	6	3	

167